Gero Tacke

Das 10-Minuten-Rechtschreibtraining für zu Hause 2

Ein Programm zur Steigerung der Rechtschreibkompetenz ab Klasse 3

Auer

Der Autor des vorliegenden Programms, Dr. Gero Tacke, hat im Rahmen seiner Tätigkeit als Schulpsychologe eine Vielzahl von Übungsmaterialien zur Lese- und Rechtschreibförderung entwickelt und veröffentlicht. Informationen zu seinen Arbeiten finden sich im Internet unter: www.leserechtschreibfoerderung.de

Gedruckt auf umweltbewusst gefertigtem, chlorfrei gebleichtem
und alterungsbeständigem Papier.

8. Auflage 2020
Nach den seit 2006 amtlich gültigen Regelungen der Rechtschreibung

Illustrationen: Stefanie Aufmuth
Satz: Fotosatz H. Buck, Kumhausen
Druck und Bindung: Korrekt Nyomdaipari Kft., Budapest
ISBN 978-3-403-**04897**-8 (Der Titel 04897 besteht aus Übungsheft und Rechtschreibkartei.)

www.auer-verlag.de

Was ist das Besondere am Programm *Das 10-Minuten-Rechtschreibtraining für zu Hause – Aufbaukurs?*

Die Verbesserung der Rechtschreibung ist eine mühsame und oft langwierige Aufgabe, in die Schüler wie Lehrer und Eltern viel Energie und Geduld investieren müssen. Erfolge werden oft erst nach einiger Zeit des regelmäßigen Übens sichtbar. Für die Motivation der Schüler ist es aber wichtig, dass sie auch kurzfristige Erfolge sehen können. Deswegen setzt *Das 10-Minuten-Rechtschreibtraining* an zwei Punkten an:

- Konzentration auf zentrale Rechtschreibprobleme,
- Übungen, bei denen in kurzer Zeit viel gelernt wird.

Im ersten Kapitel des vorliegenden Aufbaukurses wird eine Methode eingeübt, die sich in vielen wissenschaftlichen Studien[1] als sehr wirksam erwiesen hat. Es handelt sich um das silbierende Mitsprechen. Die Schüler lernen beim Schreiben langsam mitzusprechen. Dabei schreiben sie jeweils den Buchstaben, den sie gerade sprechen. Beim Sprechen und damit auch beim Schreiben legen sie bei den Silben Pausen ein. Durch das silbierende Mitsprechen wird das Schreiben sehr viel besser gesteuert, als wenn die Schüler einfach drauflos schreiben. Fehler – vor allem bei der Verdopplung von Mitlauten – können auf diese Weise vermieden werden.

Im zweiten Kapitel werden weitere 200 häufig vorkommende Fehlerwörter eingeübt. Nach der im Grundkurs bereits erwähnten Untersuchung von Menzel[2] machen diese Wörter weitere 10 Prozent aller Rechtschreibfehler aus. Damit ergibt sich folgende Situation:

Im Grundkurs

- werden durch das Wörtertraining 20 Prozent aller Rechtschreibfehler abgedeckt;
- werden darüber hinaus durch das Einüben der Groß- und Kleinschreibung weitere 25 Prozent aller Fehler behandelt.

Im Aufbaukurs

- wird die Steuerung des Schreibens verbessert, wodurch sich die Rechtschreibleistung allgemein steigert, vor allem bei Wörtern mit doppelten Mitlauten; diese Fehlerart macht allein ca. 10 Prozent aller Rechtschreibfehler aus;
- werden durch die Fortführung des Wörtertrainings weitere 10 Prozent aller Fehler abgedeckt und durch das vertiefende Einüben der Groß- und Kleinschreibung die Erfolge des Grundkurses gesichert;
- wird das Rechtschreibproblem *das/dass* durchgenommen, auf das ebenfalls 10 Prozent aller Fehler entfallen.

Der Titel *Das 10-Minuten-Rechtschreibtraining* bezieht sich vor allem auf das Einüben der Fehlerwörter und des Anfangsbuchstabendiktats. In einer 10-Minuten-Sitzung können je nach Klassenstufe 12 oder 16 Wörter durchgenommen und zwei bis drei Sätze als Anfangsbuchstabendiktat bearbeitet werden. In ebenfalls nur 10 Minuten kann man einzelne Übungen zum silbierenden Mitsprechen durchnehmen.

Parallel zu diesem Übungsheft gibt es ein Programm für die Schule. Es enthält die gleichen Übungsinhalte, aber andere Übungsarten (Bestell-Nr. **04896**).

---

1 Tacke, G.: Die Wirksamkeit von Trainingsprogrammen und Übungen zur Förderung der Rechtschreibung: wissenschaftliche Studien und praktische Erfahrungen. In: G. Schulte-Körne (Hg.): Legasthenie und Dyskalkulie in Wissenschaft, Schule und Gesellschaft. Bochum, 2007
Weber, J. M./Marx, P./Schneider, W.: Profitieren Legastheniker und allgemein lese-rechtschreib-schwache Kinder in unterschiedlichem Ausmaß von einem Rechtschreibtraining? Psychologie in Erziehung und Unterricht, 59, 56–70. München, 2002

2 Menzel, W.: Rechtschreibunterricht. Praxis und Theorie. Seelze, 1985

Inhaltsverzeichnis

Übungsteil

Anhang

Die **Karteikarten** liegen diesem Übungsheft als Ausstanzbögen bei.

Dort befinden sich auch alphabetische Listen der 100 häufigsten Fehlerwörter des Grundkurses sowie der 200 weiteren Fehlerwörter mit rechtschreibschwierigen Stellen dieses Aufbaukurses.

1. Das silbierende Mitsprechen

Beginnen Sie mit diesem Kapitel erst dann, wenn Sie mit dem Kapitel „Groß- und Kleinschreibung" des Grundkurses fertig sind. Gehen Sie am besten folgendermaßen vor:

- *Bearbeiten Sie einige Karteikarten.*
- *Machen Sie ein Buchstabendiktat mit zwei oder drei Sätzen.*
- *Nehmen Sie einige Übungen dieses Kapitels durch.*

In Kapitel 1 wird das silbenweise Mitsprechen nach und nach eingeübt.

Wörter in Silben zerlegen

Lesen Sie vor oder erläutern Sie dem Sinn nach.

Übung 1

In dieser Übung sind die Wörter in Silben unterteilt. Die Silben erkennst du an den Lücken. Lies die Wörter vor und lege bei jeder Lücke eine deutliche Pause ein.

Beispiel: *le sen*

Du liest zuerst „le", dann machst du eine Pause, und dann liest du „sen".

ma len, Sei fe, auf räu men, Schau fel,

fein, O fen, Wie se, un ter schei den,

ein la den, gleich, Ha sen bra ten, Mi nu te

Übung 2

Die Übung, die jetzt kommt, heißt Silbenschwingen. Ich sage dir ein Wort in Silben (z. B. ma – len). Deine Aufgabe ist es, das Wort in Silben nachzusprechen und dabei die Silben mit dem Arm mitzuschwingen. Ich zeige dir nun am Beispiel des Wortes „le – sen“, wie das geht.

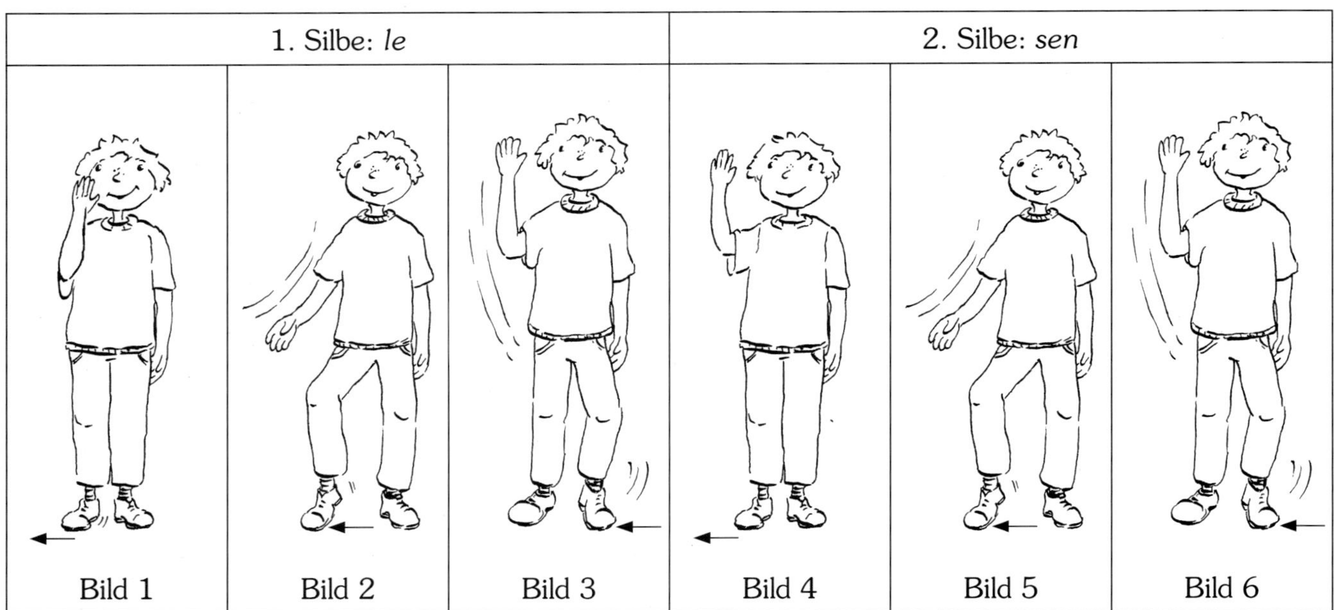

Stellen Sie sich so hin, dass rechts von Ihnen viel Platz ist. Heben Sie den rechten Arm (Linkshänder: den linken Arm), sodass sich Ihre Hand ungefähr 30 bis 40 Zentimeter vor Ihren Augen befindet (Bild 1). Dann schwingen Sie Ihren Arm in einem Bogen ganz nach unten, etwa so wie ein J, das den unteren Haken nicht nach links, sondern nach rechts ausbildet. Gleichzeitig machen Sie einen Schritt nach rechts (Bild 2). Ohne Übergang schwingen Sie den Arm wieder nach oben bis in Augenhöhe (insgesamt umschreibt Ihr Arm also ein U) und setzen das linke Bein neben das rechte (Bild 3). Während Sie Ihren Arm schwingen, sprechen Sie gleichzeitig die erste Silbe des Wortes, also: le. Wenn der Bogen geschwungen und die Silbe gesprochen ist, wird eine kurze Pause eingelegt. Danach wird die zweite Silbe, also „sen“, in der gleichen Weise präsentiert (Bild 4 bis 6). Das Ganze hört sich viel komplizierter an, als es in der Praxis ist.

Geschwungen wird immer in Schreibrichtung, also von links nach rechts. Das gilt auch für Linkshänder. Denn auch Linkshänder schreiben von links nach rechts.

Wenn Sie dem Schüler das Vorgehen zum ersten Mal zeigen, steht er vor Ihnen und schaut zu. Damit er bei der Durchführung der Übung nicht spiegelbildlich umdenken muss, stellt er sich beim zweiten Mal neben Sie und macht dasselbe wie Sie.

Sie können auch noch folgende Hilfestellung geben: Sie stellen sich hinter den Schüler, legen (wenn Sie Rechtshänder sind) Ihren linken Arm um seine Taille, nehmen mit der rechten Hand seine Schreibhand und schreiten und schwingen mit ihm gemeinsam.

Hier sind die Wörter zum Schwingen:

Fel – sen, mei – nen, aus – rech – nen, doch, schnei – den, Wa – gen – rä – der, mü – de, Brief, Wür – fel, Li – mo – na – de, Ta – fel – krei – de, Feld, Ge – schich – te, Sah – ne, rei – ni – gen, Re – gen – man – tel

Übung 3

Lies die Wörter in Silben vor! Achte dabei auf Folgendes: Während du eine Silbe liest, malst du einen Bogen unter die Silbe. Du liest und malst also gleichzeitig. Nach jeder Silbe machst du eine deutliche Pause.

Beispiel: Kilometer

Königin, erlauben, Gelegenheit,

bedienen, Entfernung, Wörterbuch,

vorsichtig, Unterhemd, Kinokarte

Übung 4

Jetzt kommt wieder das Silbenschwingen. Dieses Mal sage ich die Wörter aber nicht in Silben, sondern als ganze Wörter. Die Silben musst du selbst herausfinden.

Gehen Sie so vor wie in Übung 2 auf Seite 6. Sprechen Sie die Wörter aber nicht in Silben, sondern ganz normal vor. Achten Sie darauf, dass der Schüler die Wörter in hochdeutscher Lautung ausspricht. In Süddeutschland werden z. B. die Buchstaben „p, t, k“ am Silbenanfang wie „b, d, g“ gesprochen (z. B. /verdeidigen/ statt /verteidigen/). Süddeutsche Schüler sollen darauf achten, dass sie die Buchstaben „p, t, k“ am Silbenanfang auch tatsächlich als „p, t, k“ aussprechen. Macht ein Schüler das beim ersten Sprechen nicht, so soll er das Wort in hochdeutscher Lautung wiederholen.

Wenn der Schüler bei einer Silbenteilung einen Fehler macht, sprechen Sie ihm das Wort in Silben vor und der Schüler schwingt es nach. Setzen Sie außerdem unter jedes falsch silbierte Wort ein kleines Minuszeichen. Die betreffenden Wörter werden später wiederholt, und zwar am Anfang der jeweils nächsten Sitzung. Wenn dabei ein Wort mit einem Minuszeichen richtig silbiert wird, setzen Sie ein kleines Pluszeichen neben das Minuszeichen. Jedes Wort, das ein Minuszeichen bekommen hat, soll in den folgenden Sitzungen jeweils einmal wiederholt werden. Damit wird in den darauf folgenden Sitzungen so lange fortgefahren, bis unter dem Wort vier Pluszeichen stehen, ohne dass ein Minuszeichen dazwischen vorkommt.

*Der Schüler soll die Wörter **nicht** selbst lesen.*

Wiese, zuhören, verteidigen, laut, unterscheiden, Salbe, Tabakladen, Kuh, begleiten, Möbelwagen, neulich,

Wagenräder, Müdigkeit, Lösung, Nagelfeile, Sekundenzeiger, reinigen

Übung 5

Lies die Sätze in Silben vor. Während du liest, malst du unter jede Silbe einen Bogen.

Gehen Sie so vor wie in Übung 3 auf Seite 7. Der einzige Unterschied besteht darin, dass nicht mit einzelnen Wörtern, sondern mit ganzen Sätzen geübt wird.

Beispiel: D i e L e u t e w a r t e n d r a u ß e n .

1. W i r h ö r e n s e h r s c h ö n e M u s i k .
2. S i e w a n d e r n d u r c h e i n e n
   w u n d e r s c h ö n e n W a l d .
3. M e i n e T a n t e E r n a m a g g e r n s ü ß e
   M a r m e l a d e .
4. P e t e r , S i l k e u n d R o s e m a r i e
   w i e d e r h o l e n d e n S a t z .

Übung 6

Jetzt kommt ein Bilderrätsel: Suche die Wörter, die zu den Bildern gehören. Von jedem Wort sind die ersten Buchstaben über den Bildern aufgeschrieben. Wenn du ein Wort gefunden hast, streichst du die Anfangsbuchstaben durch, und dann schwingst du das Wort in Silben.

Ki Wü Fe Ga Sa Fen Bi Scha

Mitlautverdopplung

Das Zerlegen der Wörter in Silben führt dazu, dass doppelte Mitlaute hörbar gemacht werden. Teilt man z. B. das Wort „Himmel“ in Silben, so hört man die beiden „m“: Him – mel.
Allerdings kommt es in der Übungsphase nicht selten vor, dass Wörter mit doppelten Mitlauten falsch getrennt werden. So kann es z. B. sein, dass der Schüler „Hi – mel“ und nicht „Him – mel“ sagt. Wenn das der Fall ist, korrigieren Sie den Schüler. Durch häufiges Silbieren und Wiederholen von Wörtern mit doppelten Mitlauten lernt der Schüler allmählich, die Wörter richtig in Silben zu trennen.

Übung 1

In dieser Übung kommt wieder das Silbenschwingen. Ich sage dir ein Wort. Deine Aufgabe ist es, das Wort in Silben nachzusprechen und dabei die Silben mit dem Arm mitzuschwingen, so wie wir es eingübt haben. Ab jetzt kommen auch Wörter mit doppelten Mitlauten vor (z. B. Himmel, Koffer).

Gehen Sie so vor wie in Übung 2 auf Seite 6 und Übung 4 auf Seite 7.

***Achtung wichtig!** Sprechen Sie die Wörter mit doppelten Mitlauten nicht in Silben. Sie sprechen beim Vorlesen also **nicht** Him – mel, sondern Himmel.*

Denken Sie daran, dass der Schüler die Wörter nicht selbst lesen soll.

***Vergessen Sie nicht:** Setzen Sie ein Minuszeichen unter die Wörter, die der Schüler nicht richtig silbiert hat. In den kommenden Sitzungen wiederholen Sie die Wörter mit Minuszeichen. Gehen Sie dabei so vor, wie es in Übung 4 auf Seite 7 beschrieben ist.*

Himmel, aufheben, wollen, behalten, Hof, Koffer, erlauben, Eisenbahnschiene, Fuß, rennen

Übung 2

Lies die Wörter in Silben vor. Während du liest, malst du unter jede Silbe einen Bogen. Du liest und malst also zur gleichen Zeit. Nach jeder Silbe machst du eine deutliche Pause. Bei Wörtern, bei denen der Mitlaut verdoppelt wird (z. B. Teller, Mutter), musst du eine besonders deutliche Pause machen.

Beispiel: T e l l e r

Du liest zuerst „Tel“, gleichzeitig malst du einen Bogen unter „Tel“, dann machst du eine Pause. Anschließend liest du „ler“ und malst gleichzeitig einen Bogen unter „ler“.

M u t t e r , B i r n e n s a f t , e i n s a m m e l n ,

a u f h e b e n , b e m e r k e n , S u p p e n t e l l e r ,

G ä n s e f e d e r , M o t o r s ä g e , g e w i n n e n

Übung 3

Jetzt kommt ein Spiel. Es heißt Silbenwürfeln, und es geht so:

Wir beide würfeln abwechselnd. Wer eine Zwei gewürfelt hat, liest ein Wort mit zwei Silben vor. Anschließend streicht er das Wort durch, und dann schwingt er das Wort, so wie wir es in der Übung Silbenschwingen gelernt haben. Danach schreibt er sich zwei Punkte auf. Wer eine Drei gewürfelt hat, liest ein Wort mit drei Silben vor. Danach streicht er es durch, schwingt es, und schreibt sich drei Punkte auf usw.

Wer eine Eins gewürfelt hat, setzt einmal mit dem Würfeln aus. Auch wenn kein Wort mit der gewürfelten Silbenzahl mehr vorhanden ist, setzt der Spieler aus, der diese Zahl gewürfelt hat.

Gewonnen hat, wer die meisten Punkte erzielt hat. Das Spiel ist zu Ende, wenn einer der Spieler nicht mehr gewinnen kann. Wenn dann noch nicht alle Wörter ausgestrichen sind, schwingt der Verlierer die restlichen Wörter.

Auch Sie sollen bei diesem Spiel die Wörter schwingen. Wenn der Schüler beim Silbieren einen Fehler macht, verbessern Sie ihn. Fehler beim Silbieren spielen für die Punkte keine Rolle.

Denken Sie daran, unter die nicht richtig silbierten Wörter ein Minuszeichen zu setzen und in den nächsten Sitzungen zu wiederholen.

Wörter mit 2 Silben: **Sofa, dürfen, Honig, jagen**

Wörter mit 3 Silben: **Gemüse, aufheben, einholen, arbeiten**

Wörter mit 4 Silben: **angerufen, Birnenschale, Kindergarten**

Wörter mit 5 Silben: **Gemüsehobel, Tomatensalat**

Wörter mit 6 Silben: **Gebäudereinigung, Eisbärenkäfige**

Übung 4

Lies die Sätze in Silben vor. Während du liest, malst du unter jede Silbe einen Bogen.

1. Mein Vater hat alle seine Schlüssel verloren.
2. Anne und Lisa spielen immer noch im Kinderzimmer.
3. Arne muss beim Zwiebelschneiden immer weinen.
4. Die Butterdose ist bald leer.
5. Die kleinen Hunde wollen wegrennen.
6. Paula geht mit ihrem Vater und ihrem großen Bruder ins Kino.
7. In meiner Klasse sind viele Schüler.

Übung 5

Nun kommt wieder das Silbenschwingen. Ab jetzt kommen auch ganz lange Wörter vor. Sie hören sich manchmal etwas komisch an. Aber keine Angst: Auch solche Wörter sind zu schaffen.

Denken Sie daran, unter die nicht richtig silbierten Wörter ein Minuszeichen zu setzen und diese zu Beginn der nächsten Sitzungen zu wiederholen.

Fußbodenheizung, Hosenträger, Kinderbadewanne, Lappen, Wasserleitung, Aufmerksamkeit, Gummibären, Geschichtenerzähler, Lesebrillenbehälter, Suppenlöffel, Blumentopferde

Beim Schreiben in Silben mitsprechen

Das Mitsprechen beim Schreiben ist ein zentraler Bestandteil dieses Programms. Es muss sehr sorgfältig eingeübt werden.

Übung 1

Jetzt sollst du Wörter schreiben. Ich diktiere sie dir. Die Wörter bestehen aus nur zwei Buchstaben. Beim Schreiben sprichst du die Buchstaben so mit, dass ich es hören kann. Du sprichst die Buchstaben ganz langsam. Dabei schreibst du immer den Buchstaben, den du gerade sprichst.

Beim Mitsprechen werden nicht die Buchstabennamen (z. B. es, jot, em) gesagt, sondern die Laute werden so wie in Wörtern gesprochen (z. B. s, j, m). Man nennt das lautieren.

Beispiel: ***s o***

Du sprichst zuerst das „s". Dabei ziehst du es in die Länge, also: sssss. Während du „sssss" sagst, schreibst du das „s" auf. Anschließend machst du das Gleiche mit dem „o".

so, ja, um, in, wo, es, an, er, am

Übung 2

Ich lese nun Wörter vor, und du schwingst sie in Silben. Ab jetzt kommen auch Wörter vor, bei denen du die erste und die zweite Silbe besonders deutlich aussprechen musst.

Beispiel: ***z e r r e i ß e n***

Du sprichst und schwingst: ***z e r – r e i – ß e n***

*Wenn Sie die Wörter vorlesen, sprechen Sie die beiden Konsonanten **nicht**. Denn normalerweise werden sie nicht gesprochen. Sie sprechen also beispielsweise /zereißen/.*

Aussicht, zuhören, Unterhemden, Wolle, Schokoladenhase, annehmen, eng, einsammeln, Nadel,

unnötig, Müdigkeit, erraten, Ton, wolkenlos, Mappe, gewinnen, abgewartet, besser

Übung 3

Jetzt diktiere ich wieder Wörter. Denk daran: Beim Schreiben sprichst du die Buchstaben laut mit. Du sprichst die Buchstaben ganz langsam. Dabei schreibst du immer den Buchstaben, den du gerade sprichst.

wer, elf, mir, auf, nun, als, was

Übung 4

Lies die Sätze in Silben vor. Während du liest, malst du unter jede Silbe einen Bogen.

1. D i e b u n t e n B l u m e n b e e t e s i n d i h m n i c h t a u f g e f a l l e n .
2. M o r g e n f e i e r n w i r u n s e r k l e i n e s D o r f f e s t .
3. S i e s c h a u t e n s i c h d i e W e t t e r v o r h e r s a g e a n .

Übung 5

Jetzt kommt wieder das Spiel Silbenwürfeln.

Gehen Sie so vor wie in Übung 3 auf Seite 10. Denken Sie daran, unter die nicht richtig silbierten Wörter ein Minuszeichen zu setzen und diese in den nächsten Sitzungen zu wiederholen.

Wörter mit 2 Silben: **Feinde, Karte, Insel, merken**

Wörter mit 3 Silben: **Astgabel, aufpassen, Erlaubnis**

Wörter mit 4 Silben: **Badewanne, Hosenbügel, Möbelwagen**

Wörter mit 5 Silben: **Kartoffelkäfer, Führerscheinprüfung**

Wörter mit 6 Silben: **Wassergrabenränder**

Übung 6

Jetzt diktiere ich wieder Wörter. Beim Schreiben sprichst du die Buchstaben laut mit. Du sprichst die Buchstaben ganz langsam. Dabei schreibst du immer den Buchstaben, den du gerade sprichst. Ab jetzt kommen auch Buchstaben vor, die man beim Sprechen nicht in die Länge ziehen kann, z. B. b, g, k. Bei solchen Buchstaben gehst du so vor: Du sprichst den Buchstaben. Während des Sprechens fängst du an zu schreiben. Du schreibst den Buchstaben zu Ende, und dann kommt der nächste Buchstabe an die Reihe.

Beispiel: ***g u t***

Du sagst „g“ und schreibst „g“. Dann sagst du „uuuu“ und schreibst „u“. Dann sagst du „t“ und schreibst „t“.

Wichtig ist immer, dass der Schüler nicht „ge“ und „te“ sagt, sondern „g“ und „t“.

dort, kaum, hart, warm, laut, kurz, dicht, grau

Übung 7

Ich lese nun Wörter vor, und du schwingst sie in Silben.

Ab jetzt kommen auch Wörter vor, bei denen vor dem „ch“ bzw. „sch“ getrennt wird (z. B. ko – chen, wi – schen). Solche Wörter bereiten manchmal Probleme. Wenn sie falsch getrennt werden, sprechen Sie sie richtig in Silben vor.

lachen, Wäsche, Kinderzimmer, beweisen, Saft, auffressen, Flasche, Kilometer

Übung 8

Lies die Sätze in Silben vor. Während du liest, malst du unter jede Silbe einen Bogen.

Wörter wie „Lehrer, Zähne“ werden folgendermaßen silbiert: Leh – rer, Zäh – ne.

1. Sie bezahlen den Käse.

2. Sie sollen ihre Ohren aufsperren.

3. Im Frühling bessert sich das Wetter.

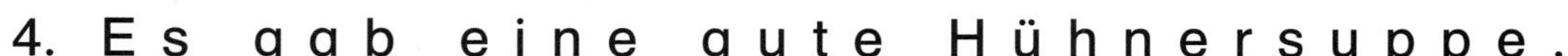
4. Es gab eine gute Hühnersuppe.

Übung 9

Bisher hast du nur Wörter mit einer Silbe geschrieben. Jetzt kommen auch Wörter mit mehr als einer Silbe. Dabei gehen wir so vor: Ich lese ein Wort vor, z. B. warten. Du sprichst es in Silben nach, aber ohne es zu schwingen. Du sagst also „war – ten“. Dann schreibst du die erste Silbe auf. Dabei sagst du langsam „war“. Du schreibst immer den Buchstaben, den du gerade sprichst. Dann malst du unter „war“ einen Silbenbogen. Das sieht so aus:

war Anschließend sagst du ganz langsam „ten“. Dabei schreibst du den Buchstaben auf, den du gerade sprichst.

Danach malst du unter „ten“ einen Bogen. warten

Durch diese Art zu schreiben ergibt sich nach jeder Silbe automatisch eine Pause. Wenn ein i-Punkt, ein t-Strich usw. zu setzen sind, so werden sie nach einer jeweiligen Silbe gesetzt.

Auch bei den Schreibübungen setzen Sie ein Minuszeichen unter die nicht richtig silbierten Wörter. Sie werden zu Anfang der nächsten Sitzungen mündlich wiederholt.

*Schreibt der Schüler ein Wort falsch, so lassen Sie es ihn noch einmal richtig schreiben. Falsch geschriebene Wörter werden aber nicht wiederholt. Es sei denn, ein Fehler kommt durch falsches Silbieren zustande. In dem Fall wird das Wort zu Anfang der nächsten Sitzungen **mündlich silbiert**, nachdem Sie es hier unterstrichen haben.*

werfen, immer, reinigen, böse, hoffen, einfach, wollen, geheim, auffressen, neulich

Übung 10

Jetzt kommt ein Silbenrätsel. Dabei setzt man Silben zu Wörtern zusammen.

Beispiel:

1. Damit kann man stricken.
2. Das wächst auf Bäumen, und man kann es essen.

schen	Wol	Kir	le

Ich lese dir vor, nach welchem Wort du suchen sollst. So lese ich z. B. vor: „Damit kann man stricken." Du schaust dann bei den Silben nach, was für ein Wort das sein könnte. Die Lösung ergibt sich beim ersten Wort aus den Silben „Wol" und „le". Zusammen ergeben die beiden Silben das Wort „Wolle". Wenn du das Wort gefunden hast, streichst du die Silben aus, also „Wol" und „le". Anschließend schwingst du das Wort.

Danach lese ich vor, welches Wort du als Nächstes suchen sollst, also z. B.: „Das wächst auf Bäumen und man kann es essen." Wieder schaust du nach, was für ein Wort das sein könnte. In unserem Beispiel ergibt sich die Lösung aus den Silben „schen" und „Kir". In der richtigen Reihenfolge zusammengesetzt ergeben sie das Wort „Kirschen". Du streichst die Silben aus und schwingst das Wort anschließend.

1. Das braucht man, wenn man nicht gut sehen kann.
2. Dieser Vogel macht „quak, quak".
3. Damit kann man riechen.
4. Das schmiert man sich aufs Brot.
5. Damit schreibt man an die Tafel.

le	Bril	En	
se	But	te	Na
de	ter	Krei	

Übung 11

Ich lese nun Wörter vor, und du schwingst sie in Silben.

Ab jetzt kommen auch Wörter vor, bei denen „ng" getrennt wird (z. B. sin – gen). Solche Wörter bereiten manchmal Probleme. Es gibt zwei Möglichkeiten, Wörter mit „ng" in Silben zu zerlegen. Im Folgenden sind sie am Beispiel des Wortes „singen" erläutert.

Möglichkeit 1: Man sagt zuerst „sing", wobei man das „ng" so spricht wie in dem Wort „Ding". Dann sagt man „gen".

Möglichkeit 2: Man sagt zuerst „sin", wobei man das „n" so spricht wie in dem Wort „hin". Dann sagt man „gen".

Wählen Sie die Möglichkeit, die dem Schüler am angenehmsten ist bzw. die er kennt.

singen, fangen, retten, aufgehoben, Bananen, zwingen, Autofahrer, auslachen, Fabrikarbeiter, knurren, wegwischen, Daumennagel, ringen, besser, Kuchengabel, Gruppe, Zunge, Monat

Übung 12

In den folgenden Wörtern sind manche Silben vertauscht. Setze die Silben richtig zusammen und schreibe die Wörter so auf, wie du es gelernt hast: Du schreibst immer den Buchstaben, den du gerade sprichst, und nach jeder Silbe machst du eine deutliche Pause. Nachdem du eine Silbe geschrieben hast, malst du darunter einen Bogen.

(räu)(auf)(men) ____________________

(ten)(be)(hal) ____________________

(sam)(ein)(meln) ____________________

(der)(bar)(wun) ____________________

(neu)(rig)(gie) ____________________

(len)(fal)(hin) ____________________

Übung 13

Lies die Sätze in Silben vor. Während du liest, malst du unter jede Silbe einen Bogen.

Wörter wie „Mauer“ trennt man „Mau – er“.

1. Auf der Mauer saß ein kleiner Junge.
2. Die Mädchen spielen mit ihren Puppen.
3. Die Jungen freuen sich über das Badewetter.
4. Ich esse gern Bratkartoffeln.

Übung 14

Jetzt diktiere ich dir wieder Wörter. Wir gehen so vor, wie du es gelernt hast: Zuerst sprichst du das Wort in Silben nach, aber ohne zu schwingen. Dann sagst du ganz langsam die erste Silbe und schreibst dabei den Buchstaben, den du gerade sprichst. Dann malst du einen Bogen unter die Silbe. Anschließend kommt die zweite Silbe in der gleichen Weise an die Reihe.

Wenn ein „ch" vorkommt, sagst du nicht „zeha", sondern du sprichst es so, wie man es in einem Wort spricht. Ebenso sagst du bei einem „sch" nicht „eszeha", sondern du sprichst es ebenfalls wie in einem Wort.

Hat der Schüler ein Wort falsch geschrieben, so schreibt er es noch einmal. Denken Sie auch daran, unter die nicht richtig silbierten Wörter ein Minuszeichen zu setzen und diese in den nächsten Sitzungen ***mündlich*** *zu wiederholen. Sonstige falsch geschriebenen Wörter werden nicht wiederholt.*

Wenn ein i-Punkt, ein t-Strich usw. zu setzen sind, so werden sie nach einer jeweiligen Silbe gesetzt.

lachen, schreiben, helfen, besuchen, schwimmen, erfinden, löschen, hingefallen, lernen, auslaufen,

abwischen, einschlafen, schaffen, erkennen, ausrechnen, heulen, zusammen

Übung 15

Nun kommt wieder ein Bilderrätsel: Suche die Wörter, die zu den Bildern gehören. Bei jedem Wort sind die ersten Buchstaben schon aufgeschrieben. Wenn du ein Wort gefunden hast, sprichst du es in Silben. Danach schreibst du es auf die Zeile mit den richtigen Anfangsbuchstaben. Du schreibst immer das ganze Wort auf, also auch die Anfangsbuchstaben.

Vergiss nicht: Beim Schreiben sprichst du die Buchstaben laut und ganz langsam mit. Dabei schreibst du immer den Buchstaben, den du gerade sprichst. Nach jeder Silbe malst du den Silbenbogen.

Ko ______________________ Fl ______________________

Bl ______________________ Na ______________________

Wa ______________________ Br ______________________

Da ______________________ Tr ______________________

Übung 16

Ich lese nun Wörter vor, und du schwingst sie in Silben.

Denken Sie daran, unter die nicht richtig silbierten Wörter ein Minuszeichen zu setzen und diese in den nächsten Sitzungen mündlich zu wiederholen.

bewegen, anbrüllen, Dezembermorgen, bald, Kofferraum, Sauerteig, anfassen, besorgen, ankommen, Fingerhut, Abendsonne, Flugzeugträger, Tannenbaum, ausmachen, anhalten, Kellertreppe, einreiben, Klassenkasse, annageln

Übung 17

Jetzt kommt wieder das Spiel Silbenwürfeln.

Gehen Sie so vor wie in Übung 3 auf Seite 10.

Wörter mit 2 Silben: **Urlaub, traurig, Halle, salzig**

Wörter mit 3 Silben: **zuhören, Wohnzimmer, Unterricht**

Wörter mit 4 Silben: **Zusammenhang, wiederholen, Tütensuppe**

Wörter mit 5 Silben: **Zitronenschale, Kalenderblätter**

Wörter mit 6 Silben: **Löwenkäfiggitter**

Übung 18

Jetzt diktiere ich dir wieder Wörter. Ab jetzt kommen auch Nomen (Namenwörter) vor. Bei ihnen wendest du die Regel an, die du gelernt hast.

Der Schüler soll die Regel auf Nomen genauso anwenden, wie es im folgenden Beispiel dargestellt ist. Die Regeln für die übrigen Wortarten (Verben, Adjektive, Rest) wendet der Schüler bei dieser Übungsart nicht an. Sie sollten aber nach wie vor in der Anfangsbuchstabenübung aus dem Grundkurs eingeübt werden.
Falls Sie im Grundkurs das Kapitel zur Groß- und Kleinschreibung (noch) nicht durchgenommen haben, lassen Sie die Bestimmung der Nomen in dieser und in den folgenden ähnlichen Übungen weg.

Beispiel: *H i m m e l*

Du sagst: Der Himmel – Nomen (Namenwort), groß. Dann sprichst du das Wort in Silben, also: Him – mel. Anschließend sagst du ganz langsam „Him“ und schreibst dabei immer den Buchstaben, den du gerade sprichst. Danach malst du unter „Him“ einen Bogen. Anschließend sagst du ganz langsam „mel“ und schreibst dabei immer den Buchstaben auf, den du gerade sprichst. Danach malst du unter „mel“ einen Bogen.

Aufgabe, Waffe, zweifeln, Einladung, bekommen, schneien, Pinsel, ernennen, sauer

Übung 19

Lies die Sätze in Silben vor. Während du liest, malst du unter jede Silbe einen Bogen.

1. Ich esse gern frische Waffeln.
2. Das kleine Mädchen legte die Apfelsinenschale auf den Tisch.
3. Der kleine Franz war ganz allein im Garten.
4. Ich habe von dem Unglück nichts erfahren.
5. Auf der Wiese summen viele Honigbienen.

Übung 20

Ich lese Wörter vor und du sprichst sie in Silben nach. Dabei machst du, wie du es gelernt hast, bei jeder Silbe eine deutliche Pause. Ab jetzt schwingst du aber nicht mehr alle Wörter, sondern nur diejenigen, bei denen du einen Fehler gemacht hast.

Gelegenheit, verbrauchen, schütteln, Schmalz, Sahnekuchen, Tasse, Lampenhalter, kurz, Abendsonne, doppelt, erfinden, Möbelverkäufer, auffangen, Novembernebel, donnern, beleidigen, Messer

Übung 21

Jetzt kommt wieder ein Silbenrätsel.

Gehen Sie vor wie in Übung 10 auf Seite 15.

1. Damit kann man etwas anstreichen, z. B. eine Wand.
2. Darauf tritt man, wenn man mit dem Auto anhalten will.
3. Damit kann man etwas schneiden.
4. Das braucht man zum Braten.
5. Das kann man essen. Es ist gelb und krumm.

Ba	be	Far	se
na	Pfan		Brem
Mes	ne	ser	ne

Übung 22

Jetzt diktiere ich dir ganze Sätze. Zuerst lese ich dir einen Satz vor. Dann wiederhole ich jedes Wort einzeln. Du schreibst dann das Wort auf, das ich gesagt habe. Dabei gehst du genauso vor, wie du es gelernt hast. Bei einem Nomen (Namenwort) sagst du zuerst die Regel. Jedes Wort sprichst du in Silben nach. Danach sagst du ganz langsam die erste Silbe. Während des Sprechens schreibst du den Buchstaben auf, den du gerade sagst. Danach malst du einen Bogen unter die Silbe, und dann kommt die nächste Silbe an die Reihe usw.

Wenn der Schüler einen falschen Buchstaben schreibt, warten Sie, bis er das Wort aufgeschrieben und die Silben eingezeichnet hat. Danach sagen Sie: „Schau dir das Wort noch einmal an." Wenn der Schüler den Fehler selbst findet, schreibt er das Wort, so wie er es gelernt hat, noch einmal auf. Findet der Schüler den Fehler nicht, sagen Sie ihm, wie das Wort geschrieben wird, und der Schüler schreibt das Wort dann in der erlernten Weise auf.

*Denken Sie daran, unter die nicht richtig silbierten Wörter ein Minuszeichen zu setzen und diese in den nächsten Sitzungen **mündlich** zu wiederholen, wobei der Schüler die Wörter in Silben spricht.*
Wenn ein i-Punkt, ein t-Strich usw. zu setzen sind, so werden sie nach einer jeweiligen Silbe gesetzt.

1. Mein kleiner Bruder ist hingefallen. 2. Wir haben uns einen schönen Film angeschaut. 3. Jan und Tim rennen auf den Pausenhof. 4. Er hat seine Freunde eingeladen. 5. Die Schüler sollen eine Geschichte aufschreiben.

Übung 23

Ich lese Wörter vor und du sprichst sie in Silben nach. Dabei machst du bei jeder Silbe eine deutliche Pause. Wenn du bei einem Wort einen Fehler gemacht hast, schwingst du das Wort.

Manche Silben beginnen mit „sp" (z. B. sparen). In solchen Fällen sagst du ab jetzt nicht „schp", sondern du sprichst das „s" und das „p" für sich, d. h., du sprichst es so, wie man es schreibt: sp. Manche Silben beginnen mit „st". Dabei gehst du genauso vor wie bei Wörtern mit „sp". Du sagst nicht „scht", sondern „st". Sie selbst sprechen „sp" und „st" beim Diktieren so, wie es üblich ist, also „schp" und „scht".

Spiegel, stellen, feiern, einsperren, Bilderrahmen, Fische, Haltestelle, spät, Filmmusik, einsteigen, aussuchen, schwach, Blumenkästen, lassen, einfangen, blau, Bohnenstange, Schlosser

Übung 24

Lies die Sätze in Silben vor. Während du liest, malst du unter jede Silbe einen Bogen.

1. Im Kofferraum liegen viele Bücher.
2. Er drückte auf den Klingelknopf.
3. Draußen im Garten sah man bunte Schmetterlinge.
4. Ich brauche einen Waschlappen.

Übung 25

In den folgenden Wörtern sind manche Silben vertauscht. Setze die Silben richtig zusammen und schreibe die Wörter so auf, wie du es gelernt hast. Zuerst sprichst du das Wort in Silben. Dann schreibst du es mit Silbenpausen auf. Nachdem du eine Silbe geschrieben hast, malst du darunter einen Bogen.

(Blu)(topf)(men) ____________________

(fal)(auf)(len) ____________________

(bahn)(Ei)(sen) ____________________

(fel)(Kar)(tof) ____________________

(we)(gung)(Be) ____________________

(men)(klem)(ein) ____________________

Übung 26

Ich lese nun Wörter vor, und du sprichst sie in Silben nach.

Denken Sie daran: Der Schüler spricht die Buchstaben „sp“ und „st“ nicht „schp“ und „scht“, sondern lautiert sie als „s-p“ und „s-t“. Wörter, die der Schüler falsch in Silben spricht, werden geschwungen.

Sterne, aufhängen, billiger, riechen, sauer, Kreissäge, brummen, erzählen, Spinat, Wassereimer, Bierflasche, wegbringen, verbrennen, Dauerregen, belohnen, hoffentlich, Streichhölzer, verbessern, aufwachen, Teppich, Aussicht

Übung 27

Lies die Geschichte in Silben vor. Während du liest, malst du unter jede Silbe einen Bogen.

Es ist heiß draußen. Deshalb möchte Jonas gern schwimmen gehen. Aber er kann seine Badehose nicht finden. Überall schaut er nach: im Schrank, unter seinem Bett, im Badezimmer, sogar auf dem Balkon. Doch sie ist nirgends zu finden. Auf einmal fällt ihm etwas ein. Er hat sie schon angezogen.

Wörter mit *tz*

Lesen Sie vor oder erläutern Sie dem Sinn nach.

Jetzt kommen Wörter mit „tz“ an die Reihe. Das „tz“ ist eigentlich eine Verdopplung des Buchstabens „z“. So ähnlich wie bei „ff, ll, mm“ usw., nur schreibt man nicht „zz“, sondern „tz“. Das erste „z“ wird also als „t“ geschrieben. Beim Sprechen in Silben sagst du z. B. „put – zen“ und schreibst dann „putzen“. Bei Wörtern mit „tz“ musst du darauf achten, dass du beim Trennen das „t“ deutlich sprichst.

Übung 1

Ich lese Wörter vor, und du sprichst sie in Silben nach.

Katze, Gebäudereiniger, treffen, Lampenschirme, besitzen, Laus, Ausnahme, Hosentasche, Wolkenkratzer, kichern, Messer, Schlauch, unnötig, hingefallen, Sauberkeit, benutzen, Nummer, eingefangen, leer, Einbahnstraße, entlassen, unterstützen, Hausmeister, aufeinander*, krank, Steuerrad, Kugelschreiber, abwischen, Butterbrotpapier

* *auf – ei – nan – der*

Übung 2

Jetzt diktiere ich dir wieder Wörter. Denk daran, bei Nomen (Namenwörtern) die Regeln anzuwenden, die du gelernt hast. Vergiss auch nicht: Du sprichst das Wort zuerst in Silben nach, dann sprichst du die erste Silbe und schreibst dabei mit, anschließend malst du einen Bogen unter die Silbe und dann kommt die nächste Silbe an die Reihe.

schwitzen, Schulhaus, Mütze, aufhetzen, berichtigen, Streichhölzer, erkundigen, besitzen, aussuchen, Malermeister, auslöffeln, nachrennen, Weinflasche, aufwachen, schmatzen, Lippe, auslassen

Übung 3

Suche die Wörter, die zu den Bildern gehören. Bei jedem Wort sind die ersten Buchstaben schon aufgeschrieben. Wenn du ein Wort gefunden hast, schreibst du es auf die Zeile mit dem richtigen Anfangsbuchstaben, so wie du es gelernt hast. Du schreibst immer das ganze Wort auf, also auch den Anfangsbuchstaben.

Sch ______	Na ______
Ba ______	Kn ______
Pu ______	A ______
L ______	Ke ______

Übung 4

Jetzt diktiere ich dir wieder ganze Sätze.

Gehen Sie so vor wie in Übung 22 auf Seite 20.

1. Sie wollen den kleinen Jungen beschützen.
2. Sie kaufte sich Farbe und einen Pinsel.
3. Im Sommer war die Hitze kaum zu ertragen.
4. Im Garten zündeten sie ein kleines Feuer an.

Wörter mit *ck*

Lesen Sie vor oder erläutern Sie dem Sinn nach.

Jetzt kommen auch Wörter mit „ck“ an die Reihe. Das „ck“ ist eigentlich eine Verdopplung des Buchstabens „k“. So ähnlich wie bei „ff, ll, mm“ usw. Nur schreibt man nicht „kk“, sondern „ck“. Das erste „k“ wird also als „c“ geschrieben. Beim Sprechen und Schreiben in Silben sagst du beispielsweise „wek – ken“ und schreibst dann als erste Silbe „wec“ und als zweite Silbe „ken“.

Das Silbensprechen und Schreiben von Wörtern mit „ck“ geht anders als das schriftliche Trennen am Zeilenende. Am Zeilenende trennt man z. B. we – cken. Damit du nicht durcheinanderkommst, machst du Folgendes: **Trenne am Zeilenende niemals Wörter ab**. Auf diese Weise vermeidest du Fehler.

Übung 1

Lies die Geschichte in Silben vor. Während du liest, malst du unter jede Silbe einen Bogen. Bei Wörtern mit „ck“ kommt die Spitze des Bogens genau zwischen das „c“ und das “k“.

Simon und Silke pflücken im Garten

Blumen. Nach ein paar Minuten haben

sie schon viele Blumen beisammen. Nun

wollen sie die Blumen ins Haus

bringen. Da zucken sie zusammen. Vor

ihren Füßen kriechen zwei Schnecken.

Die Kinder bücken sich, um sie genau

anzuschauen. Doch die Schnecken

verschwinden in ihren Häuschen.

Übung 2

Ich lese Wörter vor, und du sprichst sie in Silben nach.
ablecken, Leckerbissen, schlecht, erschrecken, Besitzer, Polizeiwache, Webstühle, Buch, aufwecken, Fingerspitze, angefangen, Haferflocken, Kunst, Wolkenkratzer, rascheln, auffordern, Pfefferkuchen, sauer, Blech, Leseratte, klirren

Übung 3

Jetzt diktiere ich dir eine kleine Geschichte. Dabei gehen wir vor wie in Übung 22 auf Seite 20.

Diktieren Sie die Satzzeichen mit.

Jana und Irmi möchten einen Kuchen backen. Sie haben alles, was sie brauchen. Nur der Zucker fehlt noch. Sie suchen ihn. Aber sie können ihn nicht finden. „Ohne Zucker wird der Kuchen nicht schmecken", meint Jana. Und so holen sie sich aus der Küche eine Waffel. Die ist auch lecker.

Übung 4

Jetzt kommt wieder ein Silbenrätsel. Setze die Silben zu Wörtern zusammen.

Gehen Sie vor wie in Übung 10 auf Seite 15.

1. Am Abend muss man die Zähne …
2. Das Gegenteil von teuer ist …
3. Wer etwas verbrochen hat, wird von der … gesucht.
4. Das Gegenteil von süß ist …
5. Eine … hat 60 Minuten.

Po	put	sau	
bil	Stun	li	de
lig	zen	zei	er

Übung 5

Ich lese Wörter vor, und du sprichst sie in Silben nach. Bei Wörtern wie „sehen“ oder „früher“ musst du das „h“ am Anfang der zweiten Silbe ganz deutlich sprechen.

Sprechen Sie beim Vorlesen das „h“ in solchen Wörtern nicht.

näher, Kofferraum, ausruhen, Aufmerksamkeit, Feind, Fingerhut, Taschenlampe, Rücken, platzen, Auffassung, Hand, Begründung, Sessel, einsehen, erinnern, Schraubenzieher, grau, wegschicken, anfangen, Manteltasche, erreichen, bedrohen, Kleid, Fortsetzung, einsperren, bemerken

Lesen Sie vor.

Wörter wie „oben, egal“ oder „über“ darf man beim Schreiben nicht abtrennen. Das machen wir hier anders. Hier trennen wir „o – ben, e – gal, ü – ber“.

Damit du nicht durcheinanderkommst, machst du Folgendes: **Trenne am Zeilenende niemals Wörter ab.** Auf diese Weise vermeidest du Fehler.

Übung 6

Lies die Geschichte in Silben vor. Während du liest, malst du unter jede Silbe einen Bogen.

Am Abend kommen uns Emil und Klara oft besuchen. Im Winter setzen wir uns an den Ofen und spielen Rätselraten. Dabei müssen wir uns gut überlegen, was wir sagen. Wer etwas Falsches sagt, hat schon verloren.

Übung 7

Jetzt diktiere ich dir Wörter. Wir gehen vor, wie du es gelernt hast.

Ufer, Bügeleisen, überraschen, oben, Freund, beeilen, Hammer, manchmal, einfangen, Dusche, ausdrücken, über, Nacht, anfassen, scharf, Sommernachtstraum, Ofen, übersetzen, auslachen, Suppenteller, Eselsbrücke, beschützen, Wurzelbürste, aussteigen, erneuern

Übung 8

Suche die Wörter, die zu den Bildern gehören. Bei jedem Wort sind die ersten Buchstaben schon aufgeschrieben. Wenn du ein Wort gefunden hast, schreibst du es auf die Zeile mit den richtigen Anfangsbuchstaben. Du schreibst immer das ganze Wort auf, also auch die Anfangsbuchstaben.

Sa ______________________ Br ______________________

Fl ______________________ Schlü ______________________

We ______________________ Vo ______________________

Schla ______________________ Gu ______________________

Wörter umformen

Lesen Sie vor.

Du hast gelernt: Einen verdoppelten Mitlaut kann man hören, wenn man das Wort in Silben teilt, z. B. Sommer: Som – mer oder fallen: fal – len. Bei manchen Wörtern steht der verdoppelte Mitlaut aber am Wortende. In solchen Fällen muss man das Wort umformen, damit man die beiden Mitlaute hören kann.

Hier sind zwei Beispiele:

Bett: Bet – ten

schlimm: schlim – mer

Und nun zwei Beispiele, bei denen kein doppelter Mitlaut vorkommt:

Bein: Bei – ne

faul: fau – ler

Beim Umformen muss man zweierlei lernen:

1. Wie die Wörter umgeformt werden.
2. Welche Wörter man umformen muss und welche nicht. Zum Glück muss man die weitaus meisten Wörter nicht umformen. Du musst also lernen, die wenigen herauszufinden, bei denen es notwendig ist.

Auf das Umformen sprechen nicht alle Schüler positiv an. Wenn Sie nach einer Reihe von Übungen feststellen, dass der Schüler damit nicht zurechtkommt, lassen Sie das Umformen weg. Im Folgenden überspringen Sie dann die Übungen, bei denen es ausschließlich um das Umformen geht. Bei den übrigen Übungen behandeln Sie die Silben, die umgeformt werden, wie alle anderen Silben auch.

Übung 1

In dieser Übung lernst du, wie man Wörter umformt. Alle Wörter müssen umgeformt werden. Dabei gehst du so vor wie in den zwei folgenden Beispielen.

Beispiel 1: Ich sage: „Hell“. Du sagst: „Hel – ler“.

Beispiel 2: Ich sage: „Bär“. Du sagst: „Bä – ren“.

Manche Wörter kann man auch auf verschiedene Arten umformen, z. B. hell: hel – le oder hel – ler. Auf welche Weise der Schüler das Wort umformt, ist egal. Die Umformung muss nur richtig sein.

Es wird immer wieder auch vorkommen, dass der Schüler falsch silbiert, z. B. „he – ler“ oder „Bär – ren“. Wenn das der Fall ist, korrigieren Sie den Schüler. Durch häufiges Wiederholen lernt der Schüler allmählich, die Wörter richtig in Silben umzuformen. Vergessen Sie deshalb nicht, unter Wörter, die der Schüler ***falsch umgeformt*** *hat, ein* ***Minuszeichen*** *zu setzen, damit Sie sie später* ***wiederholen*** *können. Bei der Wiederholung werden die umgeformten Wörter* ***mündlich*** *in* ***Silben*** *gesprochen.*

Wenn der Schüler nicht weiß, wie ein Wort umgeformt wird, geben Sie ihm eine Hilfestellung. Wenn er z. B. nicht weiß, wie man „satt“ umformt, sagen Sie: „Die Katze ist satt. Sie ist eine … Katze.“

satt, faul, dünn, Bein, stumm, Bett, schön, nass, fein, Fell, reif, schnell

Übung 2

Lies die Sätze vor. Wie immer liest du in Silben und du malst Silbenbögen. In dieser Übung geht es auch darum, Wörter umzuformen. Damit es nicht zu schwer ist, sind die Wörter, die umgeformt werden müssen, schräg gedruckt.

Wenn ein Wort umgeformt werden muss, zeichnest du einen Pfeil. Dabei gehst du so vor wie in folgenden beiden Beispielen.

Beispiel 1: **B e t t**

Zuerst liest du das Wort vor, also „Bett".
Gleichzeitig malst du einen Bogen unter „Bett". — *B e t t*

Anschließend formst du das Wort um in „Bet – ten". Wenn du „ten" aussprichst, malst du einen abgewinkelten Pfeil vor und über das zweite „t". Das sieht dann so aus: — *B e t t*

Beispiel 2: **S c h a f**

Zuerst liest du das Wort vor, also „Schaf".
Gleichzeitig malst du einen Bogen unter „Schaf". — *S c h a f*

Anschließend formst du das Wort um in „Scha – fe". Wenn du „fe" aussprichst, malst du einen abgewinkelten Pfeil vor und über das „f". Das sieht dann so aus: — *S c h a f*

1. I m H a f e n w u r d e e i n g r o ß e s *S c h i f f* b e l a d e n .
2. D i e Ä p f e l s i n d s c h o n *r e i f* , a b e r s i e s c h m e c k e n n i c h t .
3. D e r F e h l e r w a r w i r k l i c h n i c h t *s c h l i m m* .
4. D i e K i n d e r l a u f e n *s c h n e l l* n a c h H a u s e .
5. I m S o m m e r l a g e n w i r m e i s t e n s *f a u l* i n d e r S o n n e .
6. D e r k l e i n e E s e l i s t z i e m l i c h *d ü n n* .

Übung 3

Jetzt diktiere ich dir Wörter. Du musst alle umformen. Dabei gehst du so vor wie in den beiden folgenden Beispielen.

Beispiel 1: *hell*

Ich diktiere das Wort „hell“. Du sagst: „Hell.“ Dabei schreibst du mit. Anschließend malst du einen Bogen unter „hell“.

hell

Danach formst du das Wort um in „hel – ler“. Wenn du „ler“ sagst, malst du einen abgewinkelten Pfeil vor und über das zweite „l“. Wenn du zuvor „hell“ mit nur einem „l“ geschrieben hast, streichst du das Wort durch und schreibst es noch einmal, und zwar so, wie es hier beschrieben ist.

hell

Beispiel 2: *reif*

Ich diktiere das Wort „reif“. Du sagst langsam: „Reif.“ Dabei schreibst du mit. Danach malst du einen Bogen unter „reif“.

reif

Danach sagst du: „Rei – fer.“ Wenn du „fer“ sagst, malst du einen Pfeil vor und über das „f“. Wenn du zuvor „reif“ mit zwei „f“ geschrieben hast, streichst du das Wort durch und schreibst es noch einmal, und zwar so, wie es hier beschrieben ist.

dünn, schnell, faul, nass, reif, schlimm, fein, still

Übung 4

Lies in Silben vor und zeichne dabei Silbenbögen und Pfeile ein. In dieser Übung geht es auch wieder darum, Wörter umzuformen. Damit es nicht zu schwer ist, sind die Wörter, die umgeformt werden müssen, schräg gedruckt.

Gehen Sie vor wie in Übung 2 auf Seite 30.

1. Bären haben ein dickes *Fell* und gefährliche Krallen.
2. Der Braten ist mir zu *fett*.
3. An den Bäumen werden die Blätter schon *braun*.
4. Am Koffer ist der *Griff* locker.

5. Die Wege in den Wäldern sind *schmal* und holprig.
6. Seine Finger sind ganz *steif*.

Übung 5

Jetzt üben wir wieder, wie man Wörter umformt. Alle Wörter müssen umgeformt werden, und alle Wörter enden mit zwei Mitlauten.

Gehen Sie vor wie in Übung 1 auf Seite 29. In dieser Übung kommen auch Wörter vor, die nicht ganz leicht umzuformen sind. Hinter allen Wörtern stehen die richtigen Umformungen in Klammern.

Denken Sie daran: Wenn der Schüler nicht weiß, wie ein Wort umgeformt wird, geben Sie ihm eine Hilfestellung. Wenn er z. B. nicht weiß, wie man „Knall" umformt, sagen Sie: „Man kann eine Tür zu ..."

krumm (krum – mer/krum – me), nett (net – ter/net – te), Stoff (Stof – fe), Knall (knal – len/zu – knal – len), Pfiff (Pfif – fe), Null (Nul – len), glatt (glat – ter/glat – te), stumm (stum – mer/stum – me), Herr (Her – ren), voll (vol – le), fromm (from – me), satt (sat – ter/sat – te)

Übung 6

Lies die Sätze in Silben vor. Einige Wörter musst du umformen. Diese Wörter sind schräg gedruckt. Bei manchen Wörtern verändert sich die erste Silbe beim Umformen. So musst du z. B. das Wort „Ball" in „Bäl – le" umformen. Bei solchen Wörtern gehst du vor wie in den folgenden beiden Beispielen.

Beispiel 1: *S c h w a m m*

Zuerst liest du das Wort vor, also „Schwamm".
Gleichzeitig malst du einen Bogen unter „Schwamm".

S c h w a m m

Anschließend formst du das Wort um in „Schwäm – me".
Wenn du „me" aussprichst, malst du einen Pfeil vor und über das zweite „m".
Das sieht dann so aus:

S c h w a m|m

Beispiel 2: *T a l*

Zuerst liest du das Wort vor, also „Tal".
Gleichzeitig malst du einen Bogen unter „Tal".

T a l

Anschließend formst du das Wort um in „Tä – ler". Wenn du „ler" aussprichst, malst du einen Pfeil vor und über das „l". Das sieht dann so aus:

T a|l

Gehen Sie vor wie in Übung 2 auf Seite 30.

1. Wir kaufen uns einen neuen *Ball*.
2. Die Leute werfen Münzen in den *Hut* eines alten Mannes.
3. Auf dem *Hof* standen zwei Pferde.
4. Sie bringen die Kaninchen in den *Stall*.
5. Ursula suchte ihren neuen *Kamm*.
6. Die Schüler der dritten Klasse machten einen *Plan*.
7. Bäume haben einen *Stamm*, eine Wurzel und viele Äste.

Übung 7

Jetzt diktiere ich dir einige Sätze. Dabei gehen wir vor, wie du es gelernt hast. Achtung! Es kommen auch Nomen (Namenwörter) vor. Bei ihnen wendest du zuerst die Regel zur Groß- und Kleinschreibung an, die du gelernt hast. In den ersten beiden Sätzen musst du ein Wort umformen. In den restlichen Sätzen muss kein Wort umgeformt werden.

Falls Sie im Grundkurs das Kapitel zur Groß- und Kleinschreibung (noch) nicht durchgenommen haben, lassen Sie die Bestimmung der Nomen in dieser und in den folgenden ähnlichen Übungen weg.

Denken Sie daran: Lesen Sie bei allen Übungen, bei denen Sätze diktiert werden, zuerst den ganzen Satz vor und wiederholen Sie dann jedes Wort einzeln.

1. Die Übungen waren gar nicht so schlimm. 2. Am Morgen wurde es hell und wir freuten uns über das schöne Wetter. 3. Sie essen ihre Suppe mit einem großen Löffel. 4. Jonas und seine Brüder laufen über die Brücke. 5. Jeden Morgen erhalten wir einige Briefe. 6. Die Jungen brauchen neue Schuhe. 7. Sie tragen die Teller in die Küche.

Übung 8

Suche ein Wort im linken Kasten und füge es mit einem Wort aus dem rechten Kasten zu einem langen Wort zusammen. Wenn du ein langes Wort gefunden hast, sprichst du es in Silben.

Blumen, Kaffee, Butter, Kinder, Perlen, Keller, Tafel	Zimmer, Kanne, Kasten, Lappen, Fenster, Dose, Kette

Übung 9

Jetzt diktiere ich dir Wörter. Manche musst du umformen. Damit es nicht zu schwer ist, sage ich vor jedem Wort, das du umformen musst: „Achtung!"

Bei manchen Wörtern, die du umformen musst, ändert sich die erste Silbe. Solche Wörter hast du bisher gelesen, aber noch nicht geschrieben. Bei diesen Wörtern gehst du vor wie im folgenden Beispiel.

Beispiel: Ich diktiere: ***„Stall."***

Weil das ein Namenwort ist, sagst du zuerst: „Der Stall – Nomen (Namenwort), groß."
Dann wiederholst du ganz langsam: „Stall." Dabei schreibst du mit.
Anschließend malst du einen Bogen unter „Stall".

S t a l l

Danach formst du das Wort um in „Stäl – le". Wenn du „le" aussprichst, malst du einen Pfeil vor und über das zweite „l". Wenn du „Stall" nur mit einem „l" geschrieben hast, streichst du das Wort durch und schreibst es noch einmal.

S t a l l

Denken Sie daran: Die Regeln zur Groß- und Kleinschreibung für die übrigen Wortarten (Verben, Adjektive, Rest) wendet der Schüler bei dieser Übungsart nicht an. Sie sollten aber nach wie vor in der Anfangsbuchstabenübung aus dem Grundkurs eingeübt werden.

Wenn Sie im Grundkurs das Kapitel zur Groß- und Kleinschreibung (noch) nicht durchgenommen haben, lassen Sie die Bestimmung der Wortart aus.

(Achtung!) Blatt, beeilen, benutzen, *(Achtung!)* Lamm, Geheimnis, schütteln, einsteigen, *(Achtung!)* schlaff, anerkennen, erscheinen, Felsen, zusammen, waschen, *(Achtung!)* still, ausfüllen, *(Achtung!)* satt, überlegen, *(Achtung!)* Fluss

Übung 10

Ein Silbenrätsel: Setze die Wörter zu Silben zusammen.

1. Sie hat eine gelbe Schale und ist sauer.
2. Wer nicht gut sieht, braucht eine …
3. Dieses Tier macht „miau“.
4. Die Frau von meinem Onkel ist meine …
5. Damit schließt man eine Tür auf.

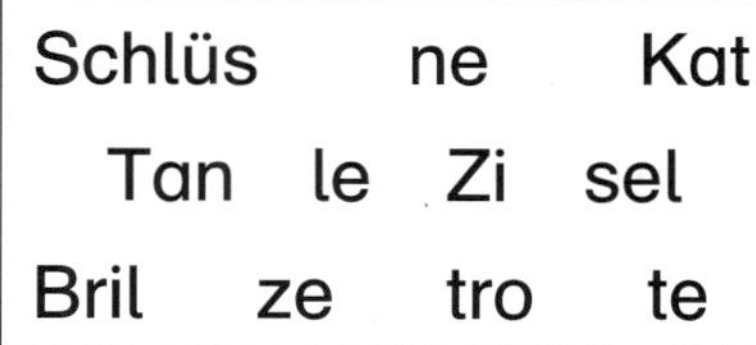

Übung 11

Jetzt liest du wieder Wörter in Silben vor und zeichnest dabei Silbenbögen. Manche Wörter musst du umformen. Wir gehen so vor, wie du es gelernt hast. In jedem Satz muss ein Wort umgeformt werden. Versuche, das Wort selbst herauszufinden.

Ab jetzt kommen auch Wörter mit „tz“ vor. Bei ihnen gehst du vor wie im folgenden Beispiel.

Beispiel: *s p i t z*

Du liest: „Spitz.“ Gleichzeitig malst du einen Bogen unter „spitz“.
Anschließend formst du das Wort um in „spit – zer“. Wenn du „zer“ aussprichst, malst du einen Pfeil vor und über das „z“.

Die Wörter, die umgeformt werden müssen, stehen in Kleindruck unter der Übung. Legen Sie einen Zettel auf die Wörter, damit der Schüler sie nicht sehen kann. Wenn der Schüler ein Wort, das umgeformt werden muss, nicht gefunden hat, zeigen Sie mit dem Finger darauf. Es ist nicht sinnvoll, dem Schüler an dieser Stelle weitere Erklärungen zu geben.

1. D e r l u s t i g e W i t z h a t m i r g e f a l l e n .
2. D i e S c h ü l e r s i n d s t i l l u n d h ö r e n d e m L e h r e r z u .
3. D e r a l t e F i s c h e r h o l t e s e i n N e t z e i n .
4. D i e G ä s t e w a r e n a l l e s a t t u n d z u f r i e d e n .
5. D e r H o f w a r v o n e i n e r h o h e n M a u e r u m g e b e n .
6. I n d i e B ä u m e h a t t e e i n B l i t z e i n g e s c h l a g e n .

7. M e i n e F r e u n d e w o h n e n i n e i n e m T a l .
8. S i e s o l l e n e i n e n S c h w a m m h o l e n .

1. Witz 2. still 3. Netz 4. satt 5. Hof 6. Blitz 7. Tal 8. Schwamm

Übung 12

Bei dieser Übung sollst du wieder in Silben sprechen. Manche Wörter musst du umformen. Wir gehen vor, wie du es gelernt hast. Nun kommt aber etwas Neues hinzu: Wenn ein Wort an die Reihe kommt, das du umformen musst, sage ich „Achtung". Das sage ich aber erst, nachdem ich es vorgelesen habe. Falls du selbst gemerkt hast, dass du das Wort umformen musst, sagst du möglichst schnell „stopp", bevor ich „Achtung" sagen kann. Dann formst du das Wort um. Es sind auch schwierige Wörter zum Umformen dabei. Versuche, möglichst viele Umform-Wörter selbst herauszufinden.

Waffel, Blitz *(Achtung!)*, aufwachen, Kamm *(Achtung!)*, benutzen, anschauen, ausrechnen, Teller, stumm *(Achtung!)*, beantragen, Schutz* *(Achtung!)*, besorgen, fett *(Achtung!)*, Stoff *(Achtung!)*, einpacken, Fluss *(Achtung!)*, bemerken, baumeln, Manteltasche, auffallen, Platz *(Achtung!)*, Liederabend, einsammeln, Fliegenfänger, erschrecken, versuchen, krumm *(Achtung!)*, unterscheiden, Grill** *(Achtung!)*, verteidigen, erinnern, hell *(Achtung!)*, Zentimeter

** schüt – zen, ** gril – len*

Übung 13

Lies in Silben vor und zeichne bei den Wörtern die Silbenbögen ein. Manche Wörter musst du umformen. Bei ihnen zeichnest du auch den Pfeil ein.

Blumenkasten, Pfiff, verstecken,

Einfall, Bein, Platz, aussehen,

krumm, begreifen, aufwecken, Zaun,

Schneemann, stumm, Gedanke, steif,

Einwohner, Pfeil, enttäuschen, Klotz

Übung 14

Jetzt diktiere ich dir Wörter. Du musst alle umformen. Nun kommen auch Wörter vor, die mit „tz“ enden. Solche Wörter hast du bisher gelesen, aber noch nicht geschrieben. Bei den Wörtern gehst du vor wie im folgenden Beispiel.

Beispiel: Ich diktiere das Wort ***„Witz“***.

Weil es ein Nomen (Namenwort) ist, sagst du zuerst: „Der Witz – Nomen (Namenwort), groß. Dann sagst du: „Wit – ze.“ Dann wiederholst du ganz langsam „Wit“. Dabei schreibst du mit. Anschließend malst du einen Bogen unter „Wit“.

W i t

Dann sagst du: „Ze.“ Dabei schreibst du das „z“ und malst einen Pfeil davor und darüber. Wenn du zuvor „Witz“ ohne „t“ geschrieben hast, streichst du das Wort durch und schreibst es noch einmal.

Netz, spitz, Schiff, fromm, Satz, Stall, schlimm, Blitz, nass, Schlitz, Bett

Übung 15

Ich diktiere dir einen Satz und wiederhole dann jedes Wort einzeln. In jedem Satz kommt ein Wort vor, das du umformen musst. Nachdem ich ein solches Wort vorgelesen habe, sage ich: „Achtung!“ Falls du selbst gemerkt hast, dass du das Wort umformen musst, sagst du möglichst schnell „stopp“, bevor ich „Achtung“ sagen kann.

Diktieren Sie die Satzzeichen mit.

1. Der kleine Peter ist sehr dünn *(Achtung!)*. 2. Die Birne ist noch nicht reif *(Achtung!)*. 3. Sie schreiben einen Satz *(Achtung!)* von der Tafel ab. 4. Die Kinder waren satt *(Achtung!)* und standen von ihren Sitzen auf. 5. Das Wetter war wirklich schlimm *(Achtung!)*.

Übung 16

Jetzt üben wir wieder, wie man Wörter umformt. Ich lese Wörter vor, die alle umgeformt werden müssen.

Hinter den Wörtern, die nicht ganz leicht sind, stehen die richtigen Umformungen in Klammern.

Denken Sie daran: Wenn der Schüler nicht weiß, wie ein Wort umgeformt wird, geben Sie ihm eine Hilfestellung. Wenn er z. B. nicht weiß, wie man „straff“ umformt, sagen Sie: „Das Betttuch war noch nicht straff genug. Es musste noch … gezogen werden.“

Witz, Knall *(knal – len)*, Aufsatz, straff, Gott, Schlamm *(schlam – mig)*, glatt, Mittwoch *(Mit – te)*, Gewinn *(ge – win – nen)*, Platz, Einfall, Schloss, Sitz, Schritt, voll, Beginn *(be – gin – nen)*, Schutz *(schüt – zen)*, Stamm, knapp, Spatz, Mann, Brett, Fass

Übung 17

Jetzt üben wir wieder, wie man Wörter umformt. Ich lese Wörter vor, die alle umgeformt werden müssen. Ab jetzt kommen auch Wörter vor, die mit „ck" enden. Solche Wörter formst du um wie in dem Beispiel.

Beispiel: Ich sage: „Sack." Du sagst: „Säk – ke."

dick, satt, spitz, Rock, still, braun, Zufall, fromm, Strick, Kuss, Schlitz, krumm, Stock, Blick*, fein, knapp, Schmutz**, Lamm, reif, Angriff, glatt, Fleck, Schatz, dünn

** Blik – ke oder „blik – ken", ** schmut – zig*

Übung 18

Lies vor, wie du es gelernt hast. In jedem Satz muss ein Wort umgeformt werden. Versuche, das Wort selbst herauszufinden.

Ab jetzt kommen auch Wörter vor, die mit „ck" enden. Bei ihnen gehst du vor wie im folgenden Beispiel.

Beispiel: ***R o c k***

Du liest: „Rock." Gleichzeitig malst du einen Bogen unter „Rock". Anschließend formst du das Wort um in „Rök – ke". Wenn du „ke" aussprichst, malst du einen Pfeil vor und über das „k".

Die Wörter, die umgeformt werden müssen, stehen in Kleindruck unter der Übung. Legen Sie einen Zettel auf die Wörter, damit der Schüler sie nicht sehen kann. Wenn der Schüler ein Wort, das umgeformt werden muss, nicht gefunden hat, zeigen Sie mit dem Finger darauf. Es ist nicht sinnvoll, dem Schüler an dieser Stelle weitere Erklärungen zu geben.

1. A u f s e i n e r H o s e w a r e i n g r o ß e r F l e c k .
2. D a s S c h i f f w ä r e b e i n a h e g e s u n k e n .
3. M e i n N e f f e i s t z i e m l i c h d i c k .
4. I m G a r t e n w a r e i n S c h a t z v e r g r a b e n .
5. W i r a r b e i t e n , b i s d e r W a g e n v o l l i s t .
6. S i e b a n d e n d i e K ü h e m i t e i n e m S t r i c k a n d e n W a g e n .
7. D i e K i n d e r s p i e l t e n V ö l k e r b a l l .

1. Fleck 2. Schiff 3. dick 4. Schatz 5. voll 6. Strick 7. Völkerball (Bäl – le)

Übung 19

Jetzt diktiere ich dir wieder Wörter. Manche Wörter musst du umformen. Nachdem ich ein solches Wort vorgelesen habe, sage ich: „Achtung!" Falls du selbst gemerkt hast, dass du das Wort umformen musst, sagst du möglichst schnell „stopp", bevor ich „Achtung" sagen kann.

Jetzt kommen auch Wörter vor, die mit „ck" enden. Solche Wörter hast du bisher gelesen, aber noch nicht geschrieben. Bei diesen Wörtern gehst du vor wie im folgenden Beispiel.

Beispiel: Ich diktiere das Wort ***„Rock"***.

Weil es ein Nomen (Namenwort) ist, sagst du zuerst: „Der Rock – Nomen (Namenwort), groß. Dann sagst du: „Rock." Dabei schreibst du gleichzeitig mit. Anschließend malst du einen Bogen unter „Rock".

R o c k

Danach sagst du: „Rök – ke." Wenn du „ke" sagst, malst du einen Pfeil vor und über das „k". Falls du das Wort zuvor nicht mit „ck" geschrieben hast, streichst du das Wort durch und schreibst es noch einmal.

R o c|k

Denken Sie daran, dass der Schüler auf Nomen die Regeln anwenden soll, die er gelernt hat. Die anderen Wortarten muss er bei diesen Übungen nicht bestimmen.

Fleck *(Achtung!)*, straff *(Achtung!)*, dick *(Achtung!)*, aufwachen, hell *(Achtung!)*, einsammeln, Blick *(Achtung!)*, befestigen, Schlitten, auflecken, dumm *(Achtung!)*, erlauben, spitz *(Achtung!)*, faul *(Achtung!)*, schwitzen, erfinden, blass *(Achtung!)*, bestellen, locker, fett *(Achtung!)*, Sack

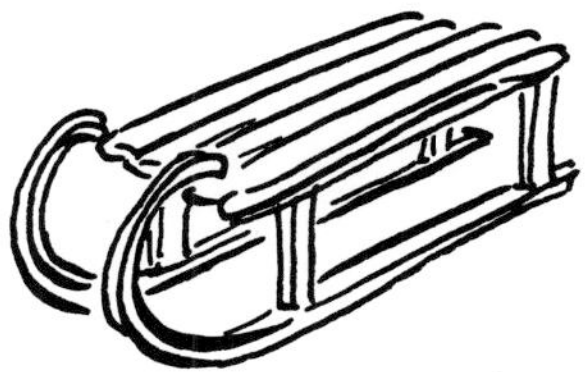

Übung 20

In dieser Übung kommen nur Verben (Tunwörter) vor. Ich sage ein Verb (Tunwort) und du formst es um. Wir gehen vor wie in den beiden Beispielen.

Beispiel 1: Ich sage: „Gesperrt." Du sagst: „Sper – ren."

Beispiel 2: Ich sage: „Ruft." Du sagst: „Ru – fen."

Wenn der Schüler die Bedeutung eines Verbs nicht erkennt und nur dann, setzen Sie „er/sie/es" bzw. „er/sie/es hat" oder „er/sie/es ist" davor, also z. B. er schwimmt, es hat geschmeckt, er ist gerannt.

(er) schwimmt, (er) gewinnt, (er) sitzt, (er) kaufte, (er ist) gerannt, (er) schickte, (er) läuft, (er) hofft, (er) greift, (er) schwitzt, (er) vergisst, (es) stimmt, (er) meint, (er) stellte, (es) schmeckt

Übung 21

In dieser Übung kommen wieder nur Verben (Tunwörter) vor. Lies die Wörter vor und forme sie um. Dabei gehst du vor wie im folgenden Beispiel:

Beispiel 1: *t r i f f t* — t r i f f t

Du liest: „Trifft“, und malst einen Silbenbogen darunter.

Anschließend sagst du: „Tref – fen.“ Sobald du „fen“ sagst, malst du einen Pfeil vor und über das zweite „f“. — t r i f f t

Beispiel 2: *h ö r t* — h ö r t

Du liest: „Hört“, und malst einen Silbenbogen unter „hört“.

Anschließend sagst du: „Hö – ren.“ Sobald du „ren“ sagst, malst du einen Pfeil vor und über das „r“. — h ö r t

s c h a f f t , s t e l l t , g e p u t z t , h o l t , b a c k t ,

k n u r r t , s t i m m t , g e k i p p t , k n i c k t ,

k l a p p t , h ö r t , b e g i n n t , s p e r r t , g e p l a t z t

Übung 22

Jetzt kommt wieder ein Silbenrätsel.

1. Damit schließt man eine Tür ab.
2. Das schmiert man sich aufs Brot. Es ist süß.
3. Darin kann man sich selbst sehen.
4. Damit kann man im Winter fahren.
5. Wenn man das aufschneidet, kommen einem die Tränen.

Mar	Zwie	Schlüs		
Spie	bel	me	Schlit	
la	sel	gel	de	ten

Übung 23

Lies den Text in Silben vor. Dabei malst du Silbenbögen und Pfeile. Wenn ein Verb (Tunwort) kommt, das umgeformt werden muss, so machst du es.

Beispiel: S e i n e   M u t t e r   b a c k t   e i n e n   K u c h e n .

Du liest: „Sei – ne   Mut – ter   backt: bak – ken   ei – nen   Ku – chen."

Die Silbenbögen sehen dann so aus:

S e i n e   M u t t e r   b a c k t   e i n e n   K u c h e n .

1. D a s   k l e i n e   T i e r c h e n   k n u r r t   i h n   a n .

2. E r   s c h i c k t   s e i n e   b e i d e n   F r e u n d e   n a c h   H a u s e .

3. W i e   s c h a f f t   d e i n e   M u t t e r   d i e   v i e l e   A r b e i t ?

Übung 24

Suche die Wörter, die zu den Bildern gehören. Du gehst so vor, wie du es gelernt hast. Diesmal musst du die Wörter aber umformen.

	0		

Bl ______________________ Schwa ______________________

Sa ______________________ Bl ______________________

Schi ______________________ Nu ______________________

Ka ______________________ Schwe ______________________

Übung 25

Ich diktiere dir Wörter. Manche Wörter musst du umformen. Nachdem ich ein solches Wort vorgelesen habe, sage ich: „Achtung!“ Falls du selbst gemerkt hast, dass du das Wort umformen musst, sagst du möglichst schnell „stopp“, bevor ich „Achtung“ sagen kann.

Bisher hast du Verben (Tunwörter) noch nicht geschrieben, sondern nur gelesen oder in Silben nachgesprochen. Wenn du ein Verb (Tunwort) schreibst, gehst du vor wie in den folgenden beiden Beispielen.

Beispiel 1: ***k l e m m t***

Du liest: „Klemmt“, und malst einen Silbenbogen darunter.

k l e m m t

Anschließend sagst du: „Klem – men.“ Sobald du „men“ sagst, malst du einen Pfeil vor und über das zweite „m“. Wenn du „klemmt“ zuvor nur mit einem „m“ geschrieben hast, streichst du das Wort durch und schreibst es noch einmal.

k l e m | m t

Beispiel 2: ***s c h l ä f t***

Du liest: „Schläft“, und malst einen Silbenbogen unter „schläft“.

s c h l ä f t

Anschließend sagst du: „Schla – fen.“ Sobald du „fen“ sagst, malst du einen Pfeil vor und über das „f“. Wenn du „schläft“ zuvor mit zwei „f“ geschrieben hast, streichst du das Wort durch und schreibst es noch einmal.

s c h l ä | f t

Denken Sie daran: Wenn der Schüler die Bedeutung eines Verbs nicht erkennt und nur dann, setzen Sie „er/sie/es“ bzw. „er/sie/es hat“ oder „er/sie/es ist“ davor, also z. B. er schwimmt, es hat geschmeckt, er ist gerannt. Das gilt auch für die folgenden Übungen dieser Art.

(er) hofft *(Achtung!)*, (es hat) geschmeckt *(Achtung!)*, Badewanne, auspacken, Wirbelstürme, (er) bestraft *(Achtung!)*, Schuss *(Achtung!)*, ausrechnen, Erscheinungen, (er) stellt *(Achtung!)*, Wolle, (er) schwimmt *(Achtung!)*, Marmelade, (er) schafft *(Achtung!)*, neulich, (er) pfeift *(Achtung!)*, (er hat) gerollt *(Achtung!)*, Schlosser, (er) schluckt *(Achtung!)*, Würfel

Wörter mit *d/t, g/k, b/p*

Das „d“ am Ende einer Silbe wird wie ein „t“ gesprochen, z. B. Kleid, gesund, Gold. Um herauszufinden, ob eine Silbe mit „d“ oder mit “t“ aufhört, kann man die betreffenden Wörter umformen, z. B. Kleid – Kleider, bunt – bunte. Das wurde schon im Grundkurs durchgenommen. Hier wird das Vorgehen durch das Sprechen in Silben noch verbessert. Aber ***Achtung!*** *In Süddeutschland wird auch das „t“ beim Umformen wie ein „d“ gesprochen. In Süddeutschland sagt man also z. B. nicht /bunte/ sondern /bunde/. Das führt dazu, dass das Umformen nicht hilft. Wenn Sie es bei einem süddeutschen Schüler aber trotzem anwenden wollen, müssen sie ihn das „t“ übertrieben deutlich aussprechen lassen. Auf diese Weise prägt sich bei vielen Wiederholungen die Sprechweise ins Gedächtnis ein. Wenn Sie oder der Schüler das überdeutliche Aussprechen nicht möchten, ist es besser, bei Silben, die auf „d“ oder „t“ enden, auf das Umformen zu verzichten.*

Übung 1

Ich lese Wörter vor und du sprichst sie in Silben nach. Alle Wörter müssen umgeformt werden. Nun kommen auch Wörter mit Silben vor, die auf „d“ oder auf „t“ enden. Bei diesen Wörtern gehst du so vor wie in den beiden Beispielen.

Beispiel 1:

Ich sage: „Wild.“ Du sagst: „Wil – der.“

Beispiel 2:

Ich sage: „Bunt.“ Du sagst: „Bun – ter.“

Lied, breit, Schreck, fremd, Satz, Fluss, dünn, Schluck*, blind, Heft, Blitz, Stamm, Brett, Held, rund, fett, Zelt

** schluk – ken*

Übung 2

Lies in Silben vor und male dabei Silbenbögen und Pfeile. In jedem Satz muss ein Wort umgeformt werden. Versuche, das Wort selbst herauszufinden. Ab jetzt kommen auch Wörter vor, die mit „d“ oder mit „t“ enden. Bei ihnen gehst du vor wie im folgenden Beispiel.

Beispiel: **w i l d**

Du liest: „Wild.“ Gleichzeitig malst du einen Bogen unter „wild“. Anschließend formst du das Wort um in „wil – der“. Wenn du „der“ aussprichst, malst du einen Pfeil vor und über das „d“.

w i l d

Bei Wörtern, die mit „t“ enden, machst du es genauso.

1. D i e M a l e r s t r e i c h e n d i e W a n d a n .
2. D e r B o d e n i s t z i e m l i c h h a r t g e w o r d e n .
3. D i e S c h ü l e r s c h r e i b e n e i n e n S a t z v o n d e r T a f e l a b .
4. E r m a c h t e e i n e n S c h r i t t n a c h v o r n .
5. D i e M ä n n e r s i n d f r e m d i n d e r G e g e n d .
6. P e t e r s c h a u t e s e i n e n L e h r e r s t u m m a n .

1. Wand 2. hart 3. Satz 4. Schritt 5. fremd 6. stumm

Übung 3

Ich diktiere dir Wörter. Manche Wörter musst du umformen. Nachdem ich ein solches Wort vorgelesen habe, sage ich: „Achtung!“ Falls du selbst gemerkt hast, dass du das Wort umformen musst, sagst du möglichst schnell „stopp“, bevor ich „Achtung“ sagen kann.

fremd *(Achtung!)*, hart *(Achtung!)*, Löffel, aussteigen, Feld *(Achtung!)*, locker, gelingen, hell *(Achtung!)*, Hemd *(Achtung!)*, weit *(Achtung!)*, einschlafen, dünn *(Achtung!)*, (er) schwitzt *(Achtung!)*, mild *(Achtung!)*, Schaufenster, (er) hockt *(Achtung!)*, zufrieden, (er) hofft *(Achtung!)*, leicht *(Achtung!)*, reinigen, (er) rollt *(Achtung!)*, Hut, esund* *(Achtung!)*, Schwamm *(Achtung!)*

**ge – sun – de oder ge – sün – der*

Übung 4

Ich lese dir Sätze vor. Zuerst sage ich einen ganzen Satz, dann wiederhole ich jedes Wort einzeln. Du sprichst jedes Wort nach. Wörter, die mehr als eine Silbe haben, sprichst du in Silben. In jedem Satz kommt ein Wort vor, dass du umformen musst. Nach einem solchen Wort sage ich: „Achtung!" Wenn du selbst herausgefunden hast, dass das Wort umgeformt werden muss, sagst du möglichst schnell: „Stopp!"

1. Der Schüler soll *(Achtung!)* den Radiergummi weglegen. 2. Der Bauer arbeitete auf dem großen Feld *(Achtung!)*. 3. Die Männer murmeln etwas in ihren Bart *(Achtung!)*. 4. Die Fischer holen das Netz *(Achtung!)* aus dem Wasser. 5. Der blasse Mond *(Achtung!)* war hinter den Bergen aufgegangen. 6. Die kleinen Fische schwimmen stumm *(Achtung!)* im Wasser. 7. Die Perlenkette war wirklich nicht echt *(Achtung!)*. 8. Das Wiener Schnitzel schmeckt *(Achtung!)* uns allen.

Übung 5

Du hast gelernt: Wörter, die auf „d" oder auf „t" enden, kann man umformen. Dadurch findet man heraus, wie sie geschrieben werden. Bei Wörtern, die auf „g" oder auf „k" enden, ist es genauso. Lies die Sätze vor. In jedem Satz muss ein Wort umgeformt werden. Versuche, das Wort selbst herauszufinden. Wie immer liest du in Silben und malst Silbenbögen und Pfeile.

1. Der Zweig war abgebrochen.

2. Wir saßen auf einer Bank.

3. Alle beide hörten einen Pfiff und ein lautes Geräusch.

4. Wir warfen einen Blick auf die Bilder.

5. Die Frauen waren sehr klug und weise.

6. Die Mädchen zerschneiden den Stoff in mehrere Teile.

1. Zweig 2. Bank 3. Pfiff 4. Blick 5. klug 6. Stoff

Übung 6

Jetzt sprichst du wieder Wörter in Silben nach. Manche Wörter musst du umformen. Ich sage bei solchen wieder „Achtung“ und du sagst „stopp“, wenn du selbst eins gefunden hast.

Zwerg *(Achtung!)*, Schrank *(Achtung!)*, Pfeffer, Nadelkissen, Burg *(Achtung!)*, (er) leckt *(Achtung!)*, nachdenken, still *(Achtung!)*, Himmel, platzen, Magenschmerzen, laut *(Achtung!)*, (er) denkt *(Achtung!)*, (er) schafft *(Achtung!)*, Maurermeister, hart *(Achtung!)*, sollen, eng *(Achtung!)*, zeichnen, Kleid *(Achtung!)*, Pfanne, (er) sägt *(Achtung!)*, drücken, Erfolg *(Achtung!)*

Übung 7

Ich diktiere dir Wörter. Dabei sage ich wieder „Achtung“ und du sagst „stopp“.

Zweig *(Achtung!)*, stark *(Achtung!)*, hoffen, Erfolg *(Achtung!)*, aufschreiben, (er) lügt *(Achtung!)*, auffallen, wecken, aushelfen, (er) schwimmt *(Achtung!)*, Zug *(Achtung!)*, nützen, (er) merkt *(Achtung!)*, Suppe, hinlaufen, Schrank *(Achtung!)*, rollen, (er) folgt *(Achtung!)*, werfen

Übung 8

Du hast gelernt: Wörter, die auf „d“ oder „t“ oder auf „g“ oder „k“ enden, kann man umformen, um herauszufinden, wie sie geschrieben werden. Bei Wörtern, die auf „b“ oder auf „p“ enden, ist es genauso. Schreibe die Wörter auf und gehe dabei so vor, wie du es gelernt hast.

Die____	______________________	Sta____	______________________
Kor____	______________________	gel____	______________________
hu____t	______________________	pum____t	______________________
tau____	______________________	trei____t	______________________

Übung 9

Nun kommt wieder ein Silbenrätsel.

1. Wenn man nach oben schaut, sieht man den blauen …
2. An der Hand haben wir vier Finger und einen …
3. Eine Stunde hat 60 …
4. Der erste Tag in der Woche ist der ….
5. Der Bruder meiner Mutter ist mein …

Mon	Mi		Dau
On	Him	nu	kel
men	tag	mel	ten

Übung 10

Ich lese Wörter vor und du sprichst sie in Silben nach. Manche Wörter musst du umformen. Wir sagen wieder „Achtung" und „stopp".

Grab *(Achtung!)*, (er) hupt *(Achtung!)*, alle, verbringen, (er) hofft *(Achtung!)*, Kalb *(Achtung!)*, aufräumen, blind *(Achtung!)*, (er) tankt *(Achtung!)*, bekommen, dick *(Achtung!)*, Kanne, Sieb *(Achtung!)*, Blumenvase, beleidigen, (er) pumpt (Achtung!), hell *(Achtung!)*, bewundern, Gemüsebeete, Dieb *(Achtung!)*, schlimm *(Achtung!)*, Hemdenkragen, Staub* *(Achtung!)*, hart *(Achtung!)*, Einbahnstraße, (er) lügt *(Achtung!)*, Erfinder, Segelflieger, treffen, (er) kann** *(Achtung!)*, Pflanzenkübel, Wetter

** stau – big, ** kön – nen*

Übung 11

Ich diktiere dir Wörter. Dabei gehen wir so vor, wie du es gelernt hast.

halb *(Achtung!)*, (er) hupt *(Achtung!)*, schaffen, fremd *(Achtung!)*, Schaufel, (er) rennt *(Achtung!)*, hart *(Achtung!)*, weinen, reif *(Achtung!)*, fett *(Achtung!)*, schützen, schneien, rollen, wünschen, Weg *(Achtung!)*, erscheinen, (er) legt *(Achtung!)*, sammeln, Schrank *(Achtung!)*, einhalten, (er) will *(Achtung!)*, ausgeben, (er) schickt *(Achtung!)*, immer

Übung 12

Schau dir einmal das folgende Wort an:

H o f f n u n g

Bei diesem Wort sind die Buchstaben, die du durch Umformen herausfinden kannst, mitten im Wort. Es sind die beiden „f". Bei solchen Wörtern gehst du vor wie im folgenden Beispiel.

Beispiel: *H o f f n u n g*

Du liest die erste Silbe vor und malst einen Silbenbogen darunter. — *H o f f*

Anschließend formst du um in „hof – fen". Sobald du „fen" sagst, malst du einen Pfeil vor und über das zweite „f". — *H o f f*

Danach liest du die zweite Silbe „nung" und malst einen Bogen darunter. — *H o f f n u n g*

1. D i e J u n g e n w a r e n i n e i n e r s t a r k e n M a n n s c h a f t .
2. S i e b e t r a c h t e t e n a m H i m m e l e i n e n F a l l s c h i r m .
3. D a s w a r e i n e g r o ß e D u m m h e i t .
4. P e t e r ö f f n e t e d i e P a p i e r t ü t e .
5. W i r f u h r e n m i t d e r R o l l t r e p p e n a c h o b e n .
6. I m W i n t e r t r a g e i c h e i n e F e l l m ü t z e .

1. Mannschaft (Män – ner) 2. Fallschirm (fal – len)
3. Dummheit (dum – me) 4. öffnete (of – fen)
5. Rolltreppe (rol – len) 6. Fellmütze (Fel – le).

Übung 13

Es gibt auch Wörter, bei denen es nicht möglich ist, durch Umformen herauszufinden, wie man sie schreibt. So ein Wort ist z. B. Kellner. Wenn man es in Silben teilt, spricht man „Kell – ner". Die beiden „l" kann man nicht hören, und man kann das Wort auch nicht so umformen, dass man die beiden „l" hören kann. Bei solchen Wörtern muss man sich die Schreibung so einprägen wie bei anderen Wörtern auch.

Bei Wörtern, bei denen das Umformen nicht möglich ist oder nicht weiterhilft, gehst du vor wie im folgenden Beispiel.

Beispiel: S c h a f f n e r

Du liest die ersten Silbe: „Schaff", und malst dabei einen Bogen unter „Schaff". S c h a f f n e r

Anschließend liest du die zweite Silbe und malst einen Bogen darunter. S c h a f f n e r

Lies in Silben vor. In den ersten beiden Sätzen kommt jeweils ein Wort vor, bei dem ein Umformen nicht weiterhilft. In allen anderen Sätzen musst du ein Wort umformen.

1. D i e B e r g e s a h e n h e r r l i c h a u s .
2. D i e K ü h e l i e f e n p l ö t z l i c h a u f d i e W i e s e .
3. S i e b o h r e n e i n i g e L ö c h e r i n d a s d i c k e B r e t t .
4. S i e v e r s u c h t e n , d e n U n f a l l z u v e r h i n d e r n .
5. E r s c h a u t e s e i n e m F e i n d i n d i e A u g e n .
6. S i e k a u f e n e t w a s f e t t e n S p e c k .
7. D e r K a m m w a r a u f d e n B o d e n g e f a l l e n .
8. A u f d e m T i s c h h ü p f t e e i n S p a t z h e r u m .

1. herrlich 2. plötzlich 3. Brett 4. Unfall
5. Feind 6. Speck (spek – kig) 7. Kamm 8. Spatz

Hinweise zum weiteren Üben

Gehen Sie ab jetzt folgendermaßen vor:

- *Sammeln Sie die Wörter, bei denen der Schüler bei doppelten Mitlauten einen Fehler gemacht hat, z. B. Nefe (Neffe), aufangen (auffangen), sat (satt). Die Wörter können Sie auf Karteikarten oder ein Blatt Papier schreiben. Wiederholen Sie die Wörter über verschiedene Tage mehrmals, wobei der Schüler sie mündlich in Silben schwingt. Falls erforderlich, formt er sie vorher um. Damit der Schüler nicht alle Wörter mechanisch silbiert, flechten Sie auch Wörter ohne doppelte Mitlaute ein.*

- *Lassen Sie den Schüler Texte vorlesen und dabei Silbenbögen und Pfeile einzeichnen. Auf diese Weise lernt der Schüler allmählich, welche Wörter er umformen muss und welche nicht.*
  Allerdings eignen sich die meisten Texte nicht zum Silbeneinzeichnen, weil die Zeilenabstände zu klein sind. Verwenden Sie deshalb Kinderbücher in Großdruck, bei denen die Zeilenabstände größer sind, als es sonst üblich ist. In den Büchern, die Sie auswählen, werden auch etliche Wörter vorkommen, die für den Schüler zu schwierig sind. Zeichnen Sie bei solchen Wörtern die Silbenbögen und Pfeile selbst ein.

- *Diktieren Sie dem Schüler Sätze, die er so schreibt, wie er sie hier gelernt hat. Dazu können Sie Texte aus dem Unterricht verwenden. Lassen Sie dabei zu Anfang besonders schwierige Wörter aus oder ersetzen Sie sie durch leichtere.*

- *Wenn der Schüler das silbierende Mitsprechen ganz gut beherrscht, sollte er nicht mehr laut mitsprechen, sondern nur noch leise flüstern. Wenn er auch das gut kann, sollte er zum „stummen" Mitsprechen übergehen. Dabei bewegt er nur noch die Lippen, ohne dass man einen Laut hören kann. Die Lippenbewegungen sollten Sie – zumindest am Anfang – kontrollieren.*

- *Wenn der Schüler die hier eingeübte Art des Schreibens recht gut beherrscht, werden Teile davon wieder ausgeblendet:*
  - *Der Schüler malt nicht mehr nach jeder einzelnen Silbe einen Silbenbogen, sondern er zeichnet die Silben erst nach einem ganzen Wort ein.*
  - *Kann der Schüler auch das und hat er in der Rechtschreibung schon einige Fortschritte erzielt, so entfallen die Silbenbögen ganz. Das leise Mitsprechen wird aber immer beibehalten.*
  - *Wenn der Schüler gute Fortschritte erzielt hat, entfällt beim Schreiben eines Wortes auch das vorherige Sprechen in Silben.*

- *Damit der Schüler die eingeübte Art des Schreibens auch in der Schule anwenden kann, sollten Sie mit dem Lehrer besprechen, wie das bei Diktaten ermöglicht werden kann. In der Regel gehen die Lehrer gern auf solche Hilfestellungen ein. In den verschiedenen Bundesländern gibt es Erlasse, in denen mögliche Hilfestellungen beschrieben werden, die Schülern mit Rechtschreibproblemen gewährt werden können.*

  Eine sehr gute Möglichkeit besteht bei Diktaten in Folgendem: Wenn sich die Schüler nach dem Diktieren das, was sie geschrieben haben, noch einmal durchlesen, zeichnet Ihr Kind dabei Silbenbögen und Pfeile ein. Mit dem Lehrer sollten Sie zuvor besprechen, dass beim Diktat jeweils eine Zeile freigelassen wird, damit für die Silbenbögen genügend Platz ist.

  In einem späteren Stadium kann der Schüler auch Folgendes machen: Er zeichnet nach dem Diktat nicht wirklich Silbenbögen und Pfeile ein, sondern er dreht seinen Stift um und „malt" die Silbenbögen und Pfeile mit dem Ende, das nicht schreibt.

2. Einüben der weiteren 200 häufigsten Fehlerwörter

Die nächsten 200 häufigsten Fehlerwörter werden anhand eines Karteikartentrainings in der gleichen Weise eingeübt wie im Grundkurs. Die Karten, auf denen die Wörter abgedruckt sind, liegen dem Übungsheft als Ausstanzbögen bei.

Hier werden nun nochmals die Anleitungen der beiden Grundübungen wiederholt, die Sie mit den Karteikarten in jeder Sitzung durchführen sollten. Wenn ein Schüler in der Rechtschreibung sehr schwach ist, sollten Sie so oft wie möglich mit ihm üben. Pro Woche empfehlen sich zwei bis vier Sitzungen. Es ist sehr hilfreich, die Anzahl der Übungssitzungen pro Woche und die Zeiten, zu denen geübt wird, zusammen mit dem Schüler festzulegen und dann bei diesem Arbeitsplan zu bleiben.

In der 3. und 4. Klasse sollten pro Sitzung 12 Wörter, ab der 5. Klasse 16 Wörter bearbeitet werden.

Übung 1

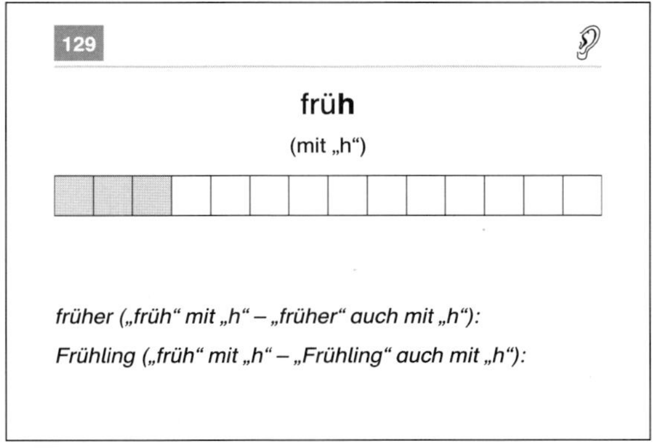

Auf den Karteikarten steht jedes Übungswort auf der nummerierten Seite in der obersten Zeile. Die Buchstaben, die Rechtschreibprobleme bereiten, sind in den Wörtern fett gedruckt. Für **Übung 1** ist auf den Karteikarten zunächst einmal nur das von Bedeutung, was oberhalb der Kästchenreihe steht.

Als Erstes mischen Sie die Karten. Anschließend diktieren Sie das Übungswort, das oben auf der ersten Karte steht. Wie im Grundkurs gelernt, bestimmt der Schüler mündlich die Wortart. Anschließend schreibt er das Wort auf. Danach legen Sie ihm die Karte vor und er prüft nach, ob er das Wort richtig geschrieben hat. Wenn das der Fall ist, notiert er im ersten Kästchen ein Pluszeichen. Danach kommt das Wort auf der nächsten Karte dran usw.

Hat er einen Fehler gemacht, vermerkt er ein Minuszeichen. Anschließend streicht er sein falsch geschriebenes Wort durch, deckt die Karte ab und schreibt das Wort aus dem Gedächtnis noch einmal auf. Danach prüft er erneut, ob er das Wort richtig geschrieben hat. Wenn das der Fall ist, kommt das Wort auf der nächsten Karte dran. Hat der Schüler das Wort beim zweiten Mal wieder falsch geschrieben, so schreibt er es erneut auf usw. Für ein zunächst falsch, dann aber richtig geschriebenes Wort wird kein Pluszeichen auf der Karte notiert.

Wenn Sie alle vorgesehenen Wörter diktiert haben, ist die Übung beendet.

In der nächsten Sitzung diktieren Sie dieselben Wörter in der gleichen Weise und in der darauf folgenden Sitzung wieder usw. Ein Wort, bei dem **kein Fehler** aufgetreten ist, gilt als gelernt, wenn es in den ersten drei Sitzungen hintereinander richtig geschrieben worden ist. Ein Wort, bei dem ein **Fehler** aufgetreten ist, gilt als gelernt, wenn der Schüler es in vier Sitzungen hintereinander richtig geschrieben hat, ohne dass zwischendurch ein Fehler aufgetreten ist. Die Karten mit den gelernten Wörtern werden weggelegt und durch neue ersetzt, sodass die Anzahl der zu übenden Wörter immer gleich bleibt.

Auf einem Teil der Karten stehen unter dem Übungswort noch **Sätze zur Veranschaulichung der Wortbedeutung**. Wenn zu einem Übungswort Sätze aufgeführt sind, so lesen Sie den ersten Satz vor und wiederholen das Übungswort dann noch einmal. Der Schüler schreibt nur das Übungswort auf. Der **Satz** wird **nicht** aufgeschrieben.

Beispiel: Bei Karte 142 diktieren Sie: Er las den Satz. – las
Der Schüler schreibt: las

Die weiteren Sätze auf einer jeweiligen Karte sind in den folgenden Sitzungen an der Reihe. Wenn alle Sätze (in verschiedenen Sitzungen) vorgelesen wurden, fängt man wieder mit dem ersten an. Das wird so lange weitergeführt, bis das Wort in vier verschiedenen Sitzungen hintereinander richtig geschrieben worden ist.

Auf manchen Karten steht noch eine **Merkhilfe** oder eine Regel, die grau unterlegt ist. Wenn das der Fall ist, lesen Sie dem Schüler beim ersten Durchgang den grau unterlegten Text vor. Der Schüler wendet die Merkhilfe bzw. die Regel zukünftig dann so an, wie es auf der Karte dargestellt ist.

Übung 2

Sobald Sie mit **Übung 1** vertraut sind, wird **Übung 2** in jeder Sitzung als Zweites durchgeführt. Dabei werden lediglich diejenigen Karten herangezogen, auf denen oben rechts ein Ohr abgebildet ist. Unten auf diesen Karten sind zusätzlich zum oben stehenden Übungswort noch Wörter in Schrägdruck aufgeführt.

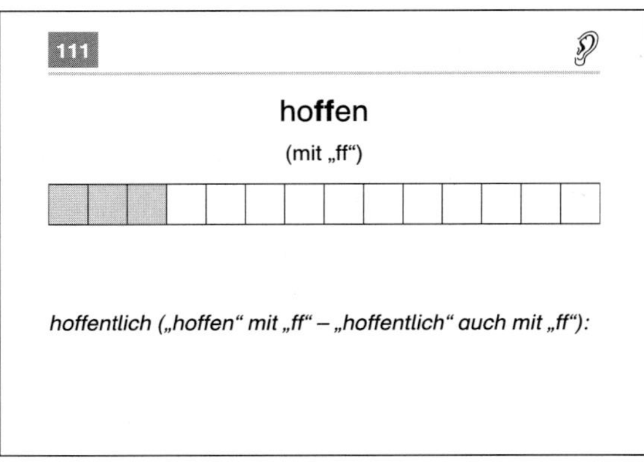

In den schräg gedruckten Wörtern ist das Übungswort enthalten, z. B. auf Karte 111 „hoffen“ in „hoffentlich“.

Die schräg gedruckten Wörter werden ausschließlich mündlich geübt. Gehen Sie dabei folgendermaßen vor: Als Erstes suchen Sie die Karten heraus, auf denen oben rechts ein Ohr abgebildet ist. Anschließend lesen Sie das erste schräg gedruckte Wort auf der ersten Karte vor. Der Schüler sagt, welches Übungswort in dem vorgelesenen Wort steckt. Außerdem benennt er die Buchstaben, die man sich besonders merken muss. Was der Schüler bei jedem Wort sagen muss, steht auf den Karten in Klammern hinter dem schräg gedruckten Wort.

Beispiel: Sie fragen: „Welches Wort steckt in hoffentlich?“ Der Schüler antwortet: „Hoffen.“
Anschließend fragen Sie: „Welche Stelle muss man sich besonders merken?“
Der Schüler antwortet: „Hoffen mit **ff**, hoffentlich auch mit **ff**.“

Wenn die Antwort des Schülers richtig war, notieren Sie (nicht der Schüler!) ein Pluszeichen hinter oder unter dem schräg gedruckten Wort, war die Antwort falsch, ein Minuszeichen. Wenn der Schüler die Antwort nicht weiß, sagen Sie die richtige Lösung. Es ist sehr wichtig, dass Sie darauf bestehen, dass der Schüler den genauen Wortlaut der Lösung einhält, so wie sie auf der Karteikarte in Klammern hinter dem Wort steht.

Danach lesen Sie das erste schräg gedruckte Wort auf der nächsten Karte vor usw. Wenn Sie auf allen Karten das erste schräg gedruckte Wort vorgelesen haben, geht es mit denjenigen Karten weiter, auf denen mehr als ein schräg gedrucktes Wort steht. Sie lesen das zweite schräg gedruckte Wort auf der ersten Karte vor, dann das zweite Wort auf der zweiten Karte usw.

Wenn Sie die Wörter in Schrägdruck auf allen Karten durchgenommen haben, wiederholen Sie noch einmal die schräg gedruckten Wörter, hinter denen ein Minuszeichen steht. Das wiederholen Sie so lange, bis hinter jedem schräg gedruckten Wort ein Pluszeichen steht. Wenn Sie auch damit fertig sind, ist die Übung beendet. Insgesamt dauert sie nur einige Minuten.

Hinweise zum weiteren Üben

Um das Üben etwas abwechslungsreicher zu gestalten, können Sie anstelle von **Übung 1** von Zeit zu Zeit auch eine der **Übungen A, B, C oder D** des Grundkurses, S. 29 ff., durchnehmen.

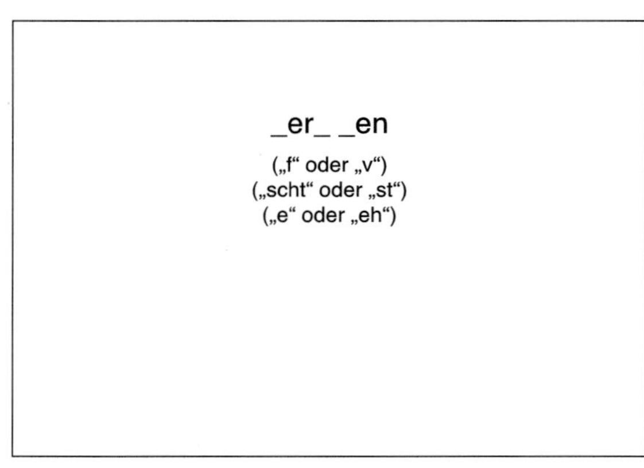

Achtung! Auf manchen Karteikarten stehen auf der Rückseite Übungswörter mit mehr als einer Lücke, z. B. auf Karte 115. Bei solchen Wörtern kann es vorkommen, dass es dem Schüler schwerfällt zu erkennen, um welches Wort es sich handelt. In solchen Fällen können Sie das Wort einfach vorlesen.

3. Groß- und Kleinschreibung

Verben (Tunwörter) werden zu Nomen (Namenwörtern) – Substantivierung von Verben

Bearbeiten Sie dieses Kapitel erst, wenn die Substantivierung von Verben in der Schule durchgenommen wird. In der Regel ist das erst in der Sekundarstufe der Fall.

Wenn die Bearbeitung des Grundkurses schon längere Zeit zurückliegt, sollten Sie dort das Kapitel „Groß- und Kleinschreibung“ vor der Bearbeitung dieses Kapitels wiederholen.

Im Grundkurs hast du vier Wortarten kennengelernt: Nomen (Namenwörter), Verben (Tunwörter), Adjektive (Wiewörter) und Restwörter.

Manchmal verwandeln sich Verben (Tunwörter) in Nomen (Namenwörter), und dann werden sie großgeschrieben. In diesem Kapitel lernst du, wie man Verben (Tunwörter) erkennt, die sich in Nomen (Namenwörter) verwandelt haben.

Wir erinnern uns:

Verben (Tunwörter) erkennt man mit der Frage:
„Kann man es tun?“

Hier sind zwei Beispiele für den Spruch, den du bei Verben (Tunwörtern) aufsagst.

springen Kann man tun, Verb (Tunwort).

grün Kann man nicht tun, kein Verb (Tunwort).

Übung 1

Lies jedes Wort vor und prüfe nach, ob es ein Verb (Tunwort) ist. Das Prüfen machst du laut. Wenn es ein Verb (Tunwort) ist, unterstreichst du es. Zuerst wieder zwei Beispiele.

Beispiel 1: *laufen*

Du sagst laut: „Laufen – kann man tun, Verb (Tunwort).“ Dann unterstreichst du das Wort „laufen“.

Beispiel 2: *neben*

Du sagst laut: „Neben – kann man nicht tun, kein Verb (Tunwort).“

Achten Sie darauf, dass der Schüler den Wortlaut der Beispiele ganz genau einhält.

gehen, fertig, kochen, oben, blass, hinter, frei, drehen, backen, kurz

Verben (Tunwörter) können im Infinitiv (in der Grundform) stehen oder sie können konjugiert (gebeugt) sein. Lies vor:

Grundform (Infinitiv)	*konjugierte (gebeugte) Form*
rufen	*(er) ruft, (du) rufst, (sie) rief, (er hat) gerufen*
halten	*(er) hält, (du) hältst, (sie) hielt, (er hat) gehalten*

Den Infinitiv (die Grundform) erkennt man an der Endung. Ein Verb (Tunwort) steht nur dann im Infinitiv (in der Grundform), wenn es auf „en“ endet.

Ein **Verb (Tunwort)** in der Grundform erkennt man an der Endung **„en“**.

Nicht nur der Infinitiv, sondern auch die dritte Person Plural (z. B. sie laufen) endet auf „en“. Dies wird dem Schüler an dieser Stelle aber nicht erläutert. Er käme sonst durcheinander.

Verben (Tunwörter) verwandeln sich in Nomen (Namenwörter), wenn zwei Bedingungen erfüllt sind.

1. Bedingung:
Das Verb (Tunwort) muss im Infinitiv (in der Grundform) stehen.

Übung 2

Unterstreiche die Verben (Tunwörter) im Infinitiv (in der Grundform) mit einem blauen Stift. Die konjugierten (gebeugten) Verben (Tunwörter) unterstreichst du mit einem roten Stift. Du wendest die Sprüche aus dem Beispiel an.

Beispiel: ***ZUM SCHLAFEN GEHT ER NACH HAUSE.*** Zuerst liest du den Satz vor.

Dann sagst du laut: „Schlafen – kann man tun, Verb (Tunwort). Es steht im Infinitiv (in der Grundform).“ Dann unterstreichst du das Wort „SCHLAFEN“ mit blau.

Bei konjugierten (gebeugten) Verben wendest du den Spruch an, den du aus dem Grundkurs schon kennst. Du sagst: „Geht, gehen – kann man tun, Verb (Tunwort).“ Dann unterstreichst du das Wort „GEHT“ mit rot.

Achten Sie darauf, dass das Muster des Beispiels genau eingehalten wird.

1. BEIM BACKEN RIEF IHRE FREUNDIN AN.
2. ZUM BADEN FÄHRT ER AN DEN SEE.
3. DEM ALTEN MANN FÄLLT DAS LAUFEN SEHR SCHWER.
4. SIE LEGTE DEN STIFT NACH DEM SCHREIBEN IN DIE SCHUBLADE.
5. AM LACHEN HABE ICH IHN ERKANNT.
6. VOR DEM SPIELEN MACHT ER SEINE HAUSAUFGABEN.
7. ER FÜHLT SICH VOM ARBEITEN GANZ MATT.
8. MAN HÖRTE EIN SCHIMPFEN.

2. Bedingung:
Vor dem Verb (Tunwort) muss
einer der folgenden Begleiter stehen:

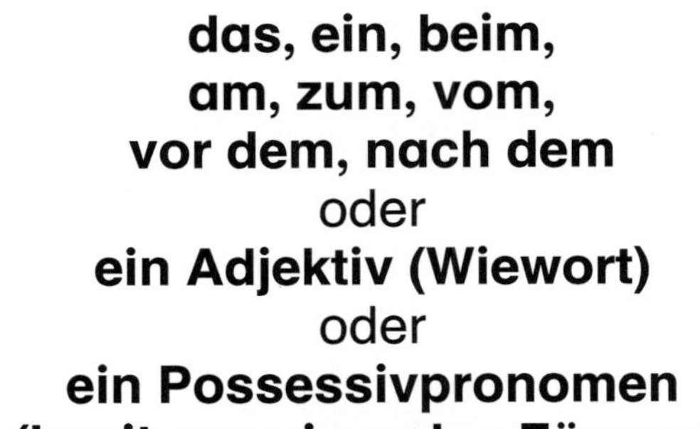

das, ein, beim,
am, zum, vom,
vor dem, nach dem
oder
ein Adjektiv (Wiewort)
oder
ein Possessivpronomen
(besitzanzeigendes Fürwort)

Possessivpronomen (besitzanzeigende Fürwörter) sind: **mein**, **dein**, **sein** usw.

Die acht Begleiter decken nicht alle Fälle von Substantivierungen ab, wohl aber die meisten.

Beispiel 1: ***Wir fahren zum Schwimmen an den See.***

Das Verb (Tunwort) „schwimmen" steht im Infinitiv (in der Grundform). Vor dem Verb (Tunwort) steht der Begleiter „zum". Also ist „Schwimmen" hier ein Nomen (Namenwort).

Beispiel 2: ***Von draußen hörte man lautes Rufen.***

Das Verb (Tunwort) „rufen" steht im Infinitiv (in der Grundform). Vor dem Verb (Tunwort) steht das Adjektiv „lautes". Also ist „Rufen" in diesem Satz ein Nomen (Namenwort).

Beispiel 3: ***Sein Schimpfen ärgerte uns.***

Das Verb (Tunwort) „schimpfen" steht im Infinitiv (in der Grundform). Vor dem Verb (Tunwort) steht das Possessivpronomen (besitzanzeigendes Fürwort) „sein". Also ist „Schimpfen" in diesem Satz ein Nomen (Namenwort).

Beispiel 4: ***Er möchte in den Bergen wandern.***

Das Verb (Tunwort) „wandern" steht im Infinitiv (in der Grundform). Vor dem Verb (Tunwort) steht aber ***keiner der acht Begleiter, kein Adjektiv*** und ***kein Possessivpronomen (besitzanzeigendes Fürwort)***. Also ist „wandern" ein Verb (Tunwort) geblieben.

Übung 3

Lerne die zweite Bedingung auswendig.

Fragen Sie in der Folge die zweite Bedingung immer wieder ab, bis der Schüler sie sich gut ins Gedächtnis eingeprägt hat.

Übung 4

Unterstreiche in Übung 2 auf Seite 55 die Begleiter der Verben (Tunwörter), die im Infinitiv (in der Grundform) stehen.

Übung 5

Unterstreiche die Verben (Tunwörter) im Infinitiv (in der Grundform) zusammen mit ihren Begleitern. Um die konjugierten (gebeugten) Verben (Tunwörter) brauchst du dich nicht zu kümmern. Du wendest den Spruch aus dem Beispiel an.

Beispiel: *SIE HABEN IHN BEIM STEHLEN ERWISCHT.* Zuerst liest du den Satz vor.

Dann sagst du laut: „Stehlen – kann man tun, Verb (Tunwort). Es steht im Infinitiv (in der Grundform), davor steht der Begleiter ‚beim'. ‚Stehlen' ist in diesem Satz ein Nomen (Namenwort)." Dann unterstreichst du die Wörter „beim" und „Stehlen".

1. ER GEHT ZUM DUSCHEN INS BADEZIMMER.
2. JANA BEMERKTE DAS FEHLEN IHRER PUPPE NICHT.
3. WIR GINGEN NACH DEM ARBEITEN NACH HAUSE.
4. ER IST AM TURNEN GESCHEITERT.
5. SIE HAT BEIM KÄMMEN GESUNGEN.
6. SIE SETZT SICH ZUM LERNEN AN IHREN SCHREIBTISCH.

Übung 6

Bei einigen Wörtern fehlt der erste Buchstabe. Prüfe bei diesen Wörtern nach, ob sie groß- oder kleingeschrieben werden. Dabei wendest du die Sprüche aus den Beispielen an.

Beispiel 1: *Ihm ist vom (f/F) ____ liegen ganz schlecht geworden.*

Du sagst laut: „Fliegen – kann man tun, Verb (Tunwort). Es steht im Infinitiv (in der Grundform). Davor steht der Begleiter ‚vom'. ‚Fliegen' ist in diesem Satz ein Nomen (Namenwort), also groß." Dann schreibst du ein großes „F" in die Lücke.

Beispiel 2: *Doris (h/H) ____ ilft ihrer Freundin.*

Du sagst laut: „Hilft, helfen – kann man tun, Verb (Tunwort)." Dann schreibst du ein kleines „h" in die Lücke.

1. Jonas kratzt sich beim (d/D) ____ enken am Kopf.
2. Das kleine Mädchen (s/S) ____ ingt laut.
3. Er geht zum (k/K) ____ ochen in die Küche.
4. Ihm fällt das (l/L) ____ ernen manchmal ein wenig schwer.
5. Ida (w/W) ____ artet auf ihre Freundin.
6. Ich habe wirklich nichts davon (g/G) ____ ewusst.

Übung 7

Unterstreiche die Verben (Tunwörter) im Infinitiv (in der Grundform) zusammen mit ihren Begleitern. Du wendest die Sprüche an, die du gelernt hast. *Achtung!* Wörter wie „am, zum" usw. kommen auch vor, ohne dass sie Begleiter von Verben (Tunwörter) sind.

1. BEIM REDEN STAND ER AM ZAUN.
2. VOR DEM STURM HÖRTE ER EIN KNISTERN.
3. DER BAUER FÄHRT ZUM PFLÜGEN AUF DEN ACKER.
4. BEIM SPRENGEN GAB ES EINEN LAUTEN KNALL.
5. WIR WAREN VOM FEIERN GANZ MÜDE.
6. ER STAND AM TURM.
7. ZUM SPIELEN TREFFEN SIE SICH AM ABEND.

Übung 8

Nun machen wir die Anfangsbuchstaben-Übung. Dabei kommen auch Verben (Tunwörter) vor, die sich in Nomen (Namenwörter) verwandelt haben. Bei diesen Wörtern wendest du den Spruch an, den du gelernt hast. Bei allen anderen Wörtern wendest du die Sprüche an, die du aus dem Grundkurs kennst.

Beispiel: ***Er schluckte beim Schwimmen etwas Wasser.***

Nachdem ich den ganzen Satz vorgelesen habe, lese ich jedes Wort noch einmal einzeln vor und du bestimmst dann die Wortart. Bei dem Beispielsatz geht das so:

Ich lese vor:	*Du sagst:*
Er	„Satzanfang – groß." Du schreibst auf: E.
schluckte	„Schluckte, schlucken – kann man tun, Verb (Tunwort)." Du schreibst auf: s.
beim	„Rest", und du schreibst auf: b.
Schwimmen	„Schwimmen – kann man tun, Verb (Tunwort). Es steht im Infinitiv (in der Grundform). Davor steht der Begleiter ‚beim'. ‚Schwimmen' ist hier ein Nomen (Namenwort), also groß." Du schreibst auf: S.
etwas	„Rest." Du schreibst auf: e.
Wasser.	„Das Wasser – Nomen (Namenwort), groß." Du schreibst auf: W.

Achten Sie darauf, dass der Wortlaut des Beispiels ganz genau eingehalten wird.

1. Das Malen habe ich von meinem Onkel gelernt. 2. Sie kauft sich zum Lesen ein Buch. 3. Plötzlich hörte ich ein Lachen. 4. Nach dem Tanzen ruhen sie sich aus. 5. Ich traf ihn vor dem Kino. 6. Das Atmen fällt dem kranken Mädchen schwer. 7. Der junge Mann war vom Schreien ganz heiser. 8. Wir sahen ihn im Park. 9. Man erkennt ihn am Sprechen.

Sätze für die Anfangsbuchstaben-Übung

Führen Sie ab jetzt in jeder Sitzung die Anfangsbuchstaben-Übung mit zwei oder drei der folgenden Sätze durch.

1. Beim Wandern traf er einen Freund. 2. Zum Helfen kam er bei uns vorbei. 3. Er stand ganz nah am Feuer. 4. In der Küche ist es vom Kochen noch ganz heiß. 5. Sein Lernen führte zum Erfolg. 6. Man merkt ihm das Lügen sofort an. 7. Sie wartete am Eingang. 8. Vor dem Putzen holte sie einen Lappen und einen Eimer. 9. Ihnen macht schnelles Reiten großen Spaß. 10. Er legte sich zum Schlafen ins Bett. 11. Sie rannten zum Ausgang. 12. Auf der Treppe hörte man ein Trampeln. 13. Vom Lesen wird man klug. 14. Der kranken Frau fällt das laute Sprechen noch schwer. 15. Sie unterhielten sich beim Stricken.

Ab jetzt kommen auch Verben (Tunwörter) im Infinitiv (in der Grundform) ohne Begleiter vor.

Denken Sie daran, die Begleiter immer wieder einmal abzufragen.

Beispiel: Sie versuchte zu schwimmen.

Dabei lautet der Spruch: „Schwimmen – kann man tun, Verb (Tunwort)."

16. Er bittet sie, mit ihm zu kommen. 17. Nach dem Gewitter war es ganz still. 18. Sie fährt zum Einkaufen in die Stadt. 19. Sie versuchte zu schreien. 20. Beim Nähen wurde er unterbrochen. 21. Ich habe sie am Tor gesehen. 22. Sie holte zum Messen einen Zollstock. 23. In der Ferne hörte man ein Krachen. 24. Er wurde von lautem Sägen geweckt. 25. Er stand vor dem Fluss und wusste nicht weiter. 26. Er versuchte, durch den ganzen See zu schwimmen. 27. Die Kinder machten beim Spielen großen Lärm. 28. Ihr Schweigen machte die Suche nach dem Verbrecher sehr schwer. 29. Sie holte sich beim Schreiner ein paar Bretter. 30. Ich kam kaum zum Schlafen.

Nicht nur Verben (Tunwörter) im Infinitiv (gebeugte Form) enden auf „en", sondern auch konjugierte (gebeugte) Verben (Tunwörter) in der dritten Person Plural (Mehrzahl), z.B. sie tragen eine Kiste. In solchen Fällen lautet der Spruch wie bei allen konjugierten (gebeugten) Verben (Tunwörtern): „Tragen – kann man tun, Verb (Tunwort)."

Erläutern Sie dem Schüler diesen Sachverhalt. Es ist aber nicht weiter schlimm, wenn der Schüler den Infinitiv (Grundform) mit der dritten Person Plural (Mehrzahl) verwechselt. Denn Verben (Tunwörter) in der dritten Person Plural (Mehrzahl) haben niemals einen Begleiter, der ein Verb (Tunwort) zu einem Nomen (Namenwort) macht.

31. Die Mädchen fahren mit dem Fahrrad zur Schule. 32. Zum Wiegen braucht man eine Waage. 33. Sie schaute zum Himmel hinauf. 34. Sie wissen nicht, wo wir waren. 32. Beim Bügeln hört er gern Radio. 35. Er vergaß, sich die Haare zu kämmen. 36. Der kleine Vogel muss das Fliegen erst noch lernen. 37. Sie bauen sich ein kleines Häuschen. 38. Langsames Spazieren tut älteren Leuten gut. 39. In einem harten Winter frieren die Tiere, die im Wald leben. 40. Sie holte zum Heizen Holz aus dem Garten. 41. Das Fischernetz hing am Schiff. 42. Die Spatzen hüpfen auf dem Boden herum. 43. Vor dem Landen bremst das Flugzeug stark ab. 44. Sein Bitten wurde nicht erhört. 45. Im Nebenzimmer hörten wir ein leises Knarren.

Nehmen Sie ab jetzt Sätze aus einem Schulbuch Ihres Kindes.

Adjektive (Wiewörter) werden zu Nomen (Namenwörtern) – Substantivierung von Adjektiven

Bearbeiten Sie dieses Kapitel erst, wenn die Substantivierung von Adjektiven (Wiewörtern) in der Schule durchgenommen wird. In der Regel ist das erst in der Sekundarstufe der Fall.

***Achtung!** Nehmen Sie dieses Kapitel nicht unmittelbar nach der Substantivierung von Verben durch, sondern warten Sie eine Zeit lang damit. Denn sonst könnte der Schüler die beiden Arten der Substantivierung durcheinanderbringen.*

Die Regeln in diesem Kapitel decken die häufigsten Großschreibungen von Adjektiven (Wiewörtern) ab, aber nicht alle. Hier wird bewusst auf eine Vollständigkeit der Regeln verzichtet, weil es sonst zu kompliziert werden würde. Falls in der Schule noch mehr Regeln durchgenommen werden, so können Sie die hier aufgeführten ergänzen. Das ist aber erst dann ratsam, wenn der Schüler die Regeln in diesem Kapitel gut beherrscht.

Wenn die Bearbeitung des Grundkurses schon längere Zeit zurückliegt, sollten Sie das Kapitel „Groß- und Kleinschreibung" vor der Bearbeitung dieses Kapitels wiederholen.

Im Grundkurs hast du vier Wortarten kennengelernt: Nomen (Namenwörter), Verben (Tunwörter), Adjektive (Wiewörter) und Restwörter.

Manchmal verwandeln sich Adjektive (Wiewörter) in Nomen (Namenwörter), und dann werden sie großgeschrieben. In diesem Kapitel lernst du, wie man Adjektive (Wiewörter) erkennt, die sich in Nomen (Namenwörter) verwandelt haben.

Zuerst wiederholen wir:

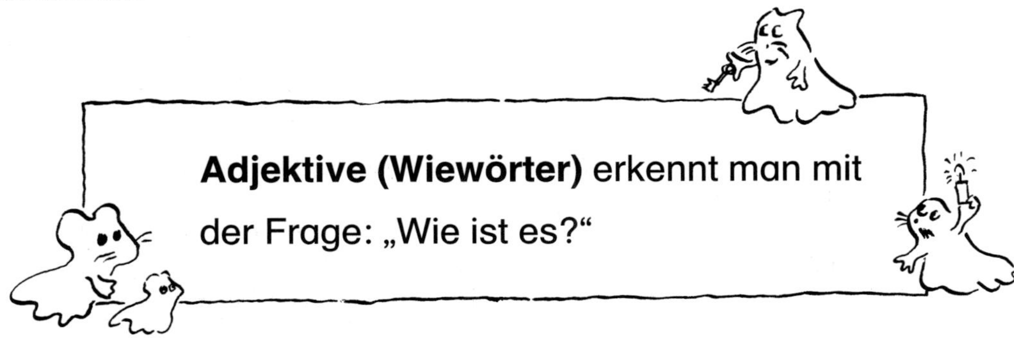

Hier ist ein Beispiel für den Spruch, den du bei Adjektiven (Wiewörtern) aufsagst.

rot **Wie ist es? – rot – Adjektiv (Wiewort).**

Übung 1

Lies jedes Wort vor und prüfe nach, ob es ein Adjektiv (Wiewort) ist. Das Prüfen machst du laut. Wenn es ein Adjektiv (Wiewort) ist, unterstreichst du es.

Beispiel 1: ***klein***

Du sagst: „Wie ist es? – klein, Adjektiv (Wiewort)." Dann unterstreichst du das Wort „klein".

Beispiel 2: ***dabei***

Du sagst: „Wie ist es? – dabei, geht nicht."

Achten Sie darauf, dass der Schüler den Wortlaut der Beispiele ganz genau einhält.

billig, bevor, frisch, neben, laut, glatt, hinter, nach, sauer, unter, schwer

Es gibt zwei Möglichkeiten für die Verwandlung von Adjektiven (Wiewörtern) in Nomen (Namenwörter).

1. Möglichkeit

Bei der ersten Möglichkeit muss man den Artikel (Begleiter) beachten. Artikel (Begleiter) sind „der, die, das" und „ein".

Damit sich ein Adjektiv (Wiewort) in ein Nomen (Namenwort) verwandelt, muss ein Artikel (Begleiter) vor dem Adjektiv (Wiewort) stehen. Gleichzeitig darf auf das Adjektiv kein Nomen (Namenwort) folgen.

Beispiel 1: ***Der Neue sah uns an.***

Das Wort „neu" ist ein Adjektiv (Wiewort). Vor dem Wort „neu" steht der Artikel (Begleiter) „der". Gleichzeitig folgt auf das Wort „neu" kein Nomen (Namenwort). Also ist das Wort „Neue" ein Nomen (Namenwort).

Beispiel 2: ***In unsere Klasse kommt ein Neuer.***

Das Wort „neu" ist ein Adjektiv (Wiewort). Vor dem Wort „neu" steht der Artikel (Begleiter) „ein". Gleichzeitig folgt auf das Wort „neu" kein Nomen (Namenwort). Also ist das Wort „Neuer" ein Nomen (Namenwort).

Beispiel 3: ***Der Schüler war neu.***

Das Wort „neu" ist ein Adjektiv. Vor dem Wort „neu" steht kein Artikel (Begleiter). Also ist das Wort „neu" kein Nomen (Namenwort), sondern es bleibt ein Adjektiv (Wiewort).

Beispiel 4: ***Der neue Schüler sah uns an.***

Das Wort „neue" ist ein Adjektiv. Vor dem Wort „neue" steht der Artikel (Begleiter) „der". Gleichzeitig folgt auf das Wort „neue" ein Nomen (Namenwort), nämlich das Wort „Schüler". Also ist das Wort „neue" kein Nomen (Namenwort), sondern es bleibt ein Adjektiv (Wiewort).

In diesem Kapitel kommen in den Übungen auch Adverbien vor (z. B. er schreit laut). Für die Groß- und Kleinschreibung ist die Unterscheidung zwischen Adjektiven und Adverbien jedoch unerheblich. Deswegen wird hier nicht weiter darauf eingegangen, d. h., es ist kein Fehler, wenn Adverbien als Adjektive bezeichnet werden.

Die Artikel (Begleiter) können sich auch verändern. Aus „der, die, das" kann „des, dem, den" werden und aus „ein" kann „eine, einer, einem, einen" werden.

Übung 2

Unterstreiche die Adjektive (Wiewörter), vor denen ein Artikel (Begleiter) steht und auf die gleichzeitig kein Nomen (Namenwort) folgt. In solchen Fällen wendest du den „Spruch“ aus Beispiel 1 an. Bei allen anderen Adjektiven wendest den Spruch aus Beispiel 2 an. Diesen „Spruch“ kennst du schon aus dem Grundkurs.

Beispiel 1: ***SIE BRINGT DEN KLEINEN NACH HAUSE.*** Zuerst liest du den Satz vor.

Dann sagst du laut: „Wie ist es? – klein, Adjektiv (Wiewort). Vor dem Adjektiv (Wiewort) steht der Artikel (Begleiter) ‚den‘. Auf das Adjektiv (Wiewort) folgt *kein* Nomen (Namenwort). ‚Kleinen' ist in diesem Satz ein Nomen (Namenwort).“

Beispiel 2: ***SIE BRINGT DEN KLEINEN JUNGEN NACH HAUSE.***

Du liest den Satz vor.
Dann sagst du laut: „Wie ist es? – klein, Adjektiv (Wiewort).“

1. WIR BEWUNDERN DIE TÜCHTIGEN.
2. WIR SCHAUTEN UNS DAS ALTE HAUS AN.
3. DER RICHTER VERURTEILTE DEN SCHULDIGEN.
4. DIE SCHRAUBE WAR LOCKER.
5. VOR DER TÜR STAND EIN FREMDER.
6. SIE ISST EINE SAURE GURKE.
7. DER KRANKE LAG IM BETT.
8. SIE GABEN DEM DÜNNEN EINE SCHEIBE BROT.
9. DIE WÄSCHE WAR SCHMUTZIG.
10. SIE BESTELLTE EIN WEICHES EI.
11. DIE FAULEN HABEN ES NICHT GESCHAFFT.
12. SIE ZERSÄGTE DAS LANGE BRETT.

Übung 3

Bei einigen Wörtern fehlt der erste Buchstabe. Prüfe bei diesen Wörtern nach, ob sie groß- oder kleingeschrieben werden. Dabei wendest du die Sprüche an, die du aus der vorherigen Übung kennst. Außerdem schreibst du die Anfangsbuchstaben in die Lücken.

1. Der (k/K) ____ leine lief schnell weg.
2. Hast du den (n/N) ____ euen schon gesehen?
3. Sie freuen sich auf ein (r/R) ____ uhiges Wochenende.
4. Die (h/H) ____ ungrigen essen hastig ihr Brot.
5. Sein Freund ist ein ganz (n/N) ____ etter.
6. Wir können uns das (t/T) ____ eure nicht leisten.
7. Der Apfel ist noch nicht (r/R) ____ eif.
8. Der (sch/Sch) ____ nelle kommt zuerst ans Ziel.
9. Sie nimmt ein (w/W) ____ armes Bad.
10. Der Weg ist (w/W) ____ eit.
11. Der (e/E) ____ insame lebt in der Wüste.

2. Möglichkeit

Du hast gelernt: Bei der Verwandlung von Adjektiven (Wiewörter) in Nomen (Namenwörter) gibt es zwei Möglichkeiten. Bei der ersten Möglichkeit muss ein Artikel (Begleiter) vor dem Adjektiv stehen. Gleichzeitig darf auf das Adjektiv kein Nomen (Namenwort) folgen.

Nun kommt die zweite Möglichkeit. Dabei muss ein Mengenwort vor dem Adjektiv (Wiewort) stehen. Gleichzeitig darf wiederum kein Nomen (Namenwort) auf das Adjektiv folgen.

2. Möglichkeit

Vor dem Adjektiv (Wiewort) steht ein Mengenwort. Gleichzeitig darf kein Nomen (Namenwort) auf das Adjektiv folgen.
Die wichtigsten Mengenwörter sind:
viel, wenig, alles, nichts, kein, etwas, allerlei, genug

Es ist nicht sinnvoll, die Mengenwörter auswendig zu lernen. Es gibt zu viele (z. B. einige, ein paar, etliche, eine Menge, manche), die in Texten aber relativ selten vorkommen.

Beispiel 1: *Er hat viel Fettes gegessen.*

Das Wort „fett“ ist ein Adjektiv (Wiewort). Vor dem Wort „fett“ steht das Mengenwort „viel“. Gleichzeitig steht hinter dem Wort „Fettes“ kein Nomen (Namenwort). Also ist das Wort „Fettes“ in diesem Satz ein Nomen (Namenwort).

Beispiel 2: *Das Fleisch war fett.*

Das Wort „fett“ ist ein Adjektiv. Vor dem Wort „fett“ steht kein Mengenwort. Also ist das Wort „fett“ kein Nomen (Namenwort), sondern es bleibt ein Adjektiv (Wiewort).

Beispiel 3: *Er hat viel fettes Fleisch gegessen.*

Das Wort „fett“ ist ein Adjektiv. Vor dem Wort „fett“ steht das Mengenwort „viel“. Gleichzeitig folgt auf das Wort „fettes“ ein Nomen (Namenwort), nämlich das Wort „Fleisch“. Also ist das Wort „fettes“ kein Nomen (Namenwort), sondern es bleibt ein Adjektiv (Wiewort).

Übung 4

Unterstreiche die Adjektive (Wiewörter), vor denen ein Mengenwort steht und auf die gleichzeitig kein Nomen (Namenwort) folgt. In solchen Fällen wendest den Spruch aus Beispiel 1 an. Bei allen anderen Adjektiven (Wiewörtern) wendest du den Spruch aus Beispiel 2 an, den du schon aus dem Grundkurs kennst.

Beispiel 1: ***ER HAT VIEL GUTES GETAN.*** Zuerst liest du den Satz vor.

Dann sagst du laut: „Wie ist es? – gut, Adjektiv (Wiewort). Vor dem Adjektiv (Wiewort) steht das Mengewort ‚viel'. Gleichzeitig steht hinter dem Wort ‚Gutes' *kein* Nomen (Namenwort). Also ist ‚Gutes' in diesem Satz ein Nomen (Namenwort)."

Beispiel 2: ***WAS ER GETAN HAT, WAR GUT.*** Zuerst liest du den Satz vor.

Dann sagst du laut: „Wie ist es? – gut, Adjektiv (Wiewort)."

1. ER FÜHLTE ETWAS KALTES IN SEINEM RÜCKEN.
2. DIE STEINE WAREN SEHR HART.
3. ER HAT KEIN GUTES BILD GESEHEN.
4. SIE HABEN NOCH NICHT GENUG NEUES GELERNT.
5. DIE KINDER BEKAMEN WENIG FRISCHES ZUM MITTAGESSEN.
6. WIR HABEN NUR NOCH WENIG KALTES WASSER.
7. ER MÖCHTE NICHTS SCHARFES ESSEN.
8. SIE WÜNSCHTE UNS ALLES GUTE.
9. DER JUNGE IST NOCH IMMER KRANK.
10. ER BESITZT WENIG WERTVOLLES.
11. ER SAGTE ALLERLEI WAHRES.
12. DIE POLIZEI HAT NICHTS NEUES HERAUSGEFUNDEN.
13. SIE REDEN VIEL SCHLECHTES ÜBER UNS.
14. ER HAT GENUG WARME HOSEN.
15. ZITRONEN SIND SAUER.

Übung 5

Jetzt tragen wir noch ein paar Mengenwörter zusammen. Ich lese dir ganz langsam Sätze vor. Sobald ein Mengenwort vorkommt, sagst du: „Stopp!“

Verwenden Sie zu diesem Zweck ein Schulbuch. Wiederholen Sie diese Übung von Zeit zu Zeit, damit der Schüler ein Gefühl für Mengenwörter bekommt.

Übung 6

Bei einigen Wörtern fehlt der erste Buchstabe. Prüfe bei diesen Wörtern nach, ob sie groß- oder kleingeschrieben werden. Dabei wendest du die Sprüche aus der Übung 4 an. Außerdem schreibst du die Anfangsbuchstaben in die Lücken.

1. Er hat etwas (w/W) ____ ichtiges vergessen.
2. Die Taschen waren (sch/Sch) ____ wer.
3. Sie hat uns viel (t/T) ____ rauriges erzählt.
4. Sie hat alle (k/K) ____ rummen Nägel weggeworfen.
5. Sie essen allerlei (s/S) ____ aures.
6. Gibt es genug (k/K) ____ luge in unserem Dorf?
7. Im Fernsehen kam nichts (k/K) ____ omisches.
8. Die Wohnung war noch nicht (s/S) ____ auber.
9. Wir erinnern uns an alles (sch/Sch) ____ öne.
10. In der Kirche sind viele (f/F) ____ romme.
11. Sie kamen sehr (sp/Sp) ____ ät.
12. Sie essen etwas (sch/Sch) ____ arfes.
13. Wir erfuhren wenig (n/N) ____ ützliches.
14. An der Wand hängen viele (sch/Sch) ____ öne Bilder.
15. Heute haben wir genug (f/F) ____ risches gegessen.

Übung 7

Unterstreiche die Adjektive (Wiewörter), die sich in Nomen (Namenwörter) verwandelt haben. Dabei wendest du alle Sprüche an, die du gelernt hast.

1. ER HAT DIE SCHÖNE FOTOGRAFIERT.
2. SIE HAT ETWAS FETTES GEGESSEN.
3. VOR DER TÜR STAND EIN ARMER MANN.
4. DIE FRAU WAR SEHR FREUNDLICH ZU UNS.
5. IN DER KÜCHE GIBT ES NICHTS FRISCHES.
6. DIE FRECHEN FINGEN AN ZU LACHEN.
7. DIE GLÜCKLICHEN HABEN GEWONNEN.
8. IN DEM BUCH STAND NICHTS NEUES.
9. DAS FLEISCH WAR NOCH ROH.
10. MANCHMAL MÖCHTE MAN DAS WAHRE NICHT HÖREN.
11. SIE ESSEN ETWAS WARMES.
12. ER HOLTE EINEN FLACHEN TELLER.
13. SIE FINGEN DAS GEFÄHRLICHE TIER EIN.
14. SIE SAGTE WENIG NETTES.
15. ER SCHMECKTE ETWAS SCHARFES.

Übung 8

Nun machen wir die Anfangsbuchstaben-Übung. Dabei wendest du die Sprüche an, die du gelernt hast.

Beispiel: ***Sie hat etwas Falsches gesagt.***

Nachdem ich den ganzen Satz vorgelesen habe, lese ich jedes Wort noch einmal einzeln vor und du bestimmst dann die Wortart. Bei dem Beispielsatz geht das so:

Ich lese vor:	*Du sagst:*
Sie	„Satzanfang – groß.“ Du schreibst auf: S.
hat	„Rest.“ Du schreibst auf: h.
etwas	„Rest.“ Du schreibst auf: e.
Falsches	„Wie ist es? – falsch, Adjektiv (Wiewort). Vor dem Adjektiv (Wiewort) steht das Mengenwort ‚etwas‘. Auf das Adjektiv folgt *kein* Nomen. ‚Falsches‘ ist ein Nomen (Namenwort).“ Du schreibst auf: F.
gesagt.	„Sagen – kann man tun, Verb (Tunwort).“ Du schreibst auf: g.

1. In seinem Blick lag etwas Feindliches. 2. Er kann die Faulen nicht leiden 3. Maulwürfe sind blind. 4. Zu meinem Geburtstag habe ich viele Nette eingeladen. 5. Der alte Mann hasst alles Laute. 6. Die Männer verabschiedeten sich sehr höflich. 7. Sie beneiden die Glücklichen. 8. Wir erfahren viel Neues. 9. Auf dem Hof gab es nichts Schmutziges.

Sätze für die Anfangsbuchstaben-Übung

Führen Sie ab jetzt in jeder Sitzung die Anfangsbuchstaben mit zwei oder drei der folgenden Sätze durch.

1. Wir möchten etwas Warmes essen. 2. Er hat viel Geld verdient. 3. Der Große erzählt einen Witz. 4. Die kleinen Kinder spielen im Garten. 5. Sie haben nichts Neues erfahren. 6. Er hat etwas vom Boden aufgehoben. 7. Wir bekamen von einem Kräftigen Hilfe. 8. Alle Kranken wurden bald wieder gesund. 9. In der Fabrik gibt es viele fleißige Arbeiter. 10. Er hielt etwas Schweres in der Hand. 11. Ich habe nichts davon gewusst. 12. Der Erfolgreiche war sehr zufrieden. 13. Er hat noch nichts gegessen. 14. Heute habe ich noch keinen Traurigen gesehen. 15. Sie trank etwas Heißes. 16. In der Stadt gibt es nur wenig höfliche Menschen. 17. Der Kluge hielt sich zurück. 18. Ein Schneller überholte mich. 19. Sie hat alles gelesen, was sie bekommen konnte. 20. Er setzte sich auf etwas Weiches. 21. Sie brachten alle harten Bretter weg. 22. Wir aßen viel Süßes. 23. Ein Alter hat am besten abgeschnitten. 24. Ich habe nur wenig Hoffnung. 25. Die Wurst war zu fett. 26. Die Ängstlichen liefen schnell weg. 27. Sie sagte nichts Dummes. 28. Nur der Dünne kam durch die Lücke. 29. Sie kaufen allerlei Gemüse ein. 30. Sie essen nicht genug Frisches. 31. Auf der Straße sah man einige Eilige. 32. Warum sind sie so frech? 33. Er nahm etwas Flüssiges aus dem Kühlschrank. 34. Habt ihr genug Nüsse eingekauft? 35. Er verspeist eine reife Birne. 36. Ich habe wenig Gutes von ihm gehört. 37. Warum ist er so geizig? 38. An dem Spiel nahmen viele Junge teil. 39. Er verriet etwas Geheimes. 40. Der Kleine stand in der Ecke. 41. Am Tisch saß ein Lustiger. 42. Dem Müden fielen die Augen zu. 43. Die Tiger fressen viel Rohes. 44. Der Tisch war sauber. 45. Der Glückliche hat das Spiel gewonnen.

Nehmen Sie ab jetzt Sätze aus einem Schulbuch Ihres Kindes.

4. *das/dass*

Bearbeiten Sie dieses Kapitel erst, wenn die Schreibung von das/dass in der Schule durchgenommen wird. In der Regel ist das erst in der Sekundarstufe der Fall.

Für die Schreibung von *das/dass* gibt es folgende Regel:

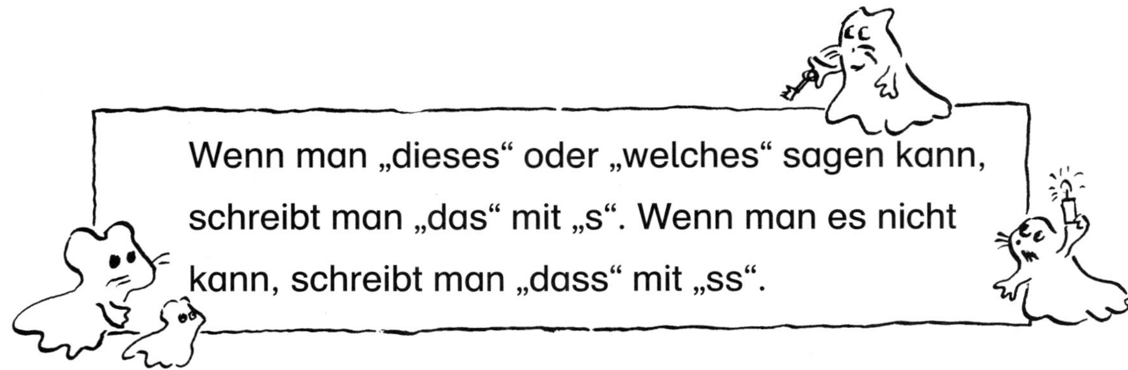

Beispiel 1: ***Er hat das wirklich nicht so gemeint.***

Man kann sagen: „Er hat dieses wirklich nicht so gemeint.“ Also wird „das“ mit „s“ geschrieben.

Beispiel 2: ***Er stellt das Glas in den Schrank.***

Man kann sagen: „Er stellt dieses Glas in den Schrank.“ Also wird „das“ mit „s“ geschrieben.

Beispiel 3: ***Sie trug ein Kleid, das zu lang war.***

Man kann sagen: „Sie trug ein Kleid, welches zu lang war.“ Also wird „das“ mit „s“ geschrieben.

Beispiel 4: ***Ich möchte, dass er aufhört.***

Man kann nicht sagen: „Ich möchte, dieses er aufhört.“ Man kann auch nicht sagen: „Ich möchte, welches er aufhört.“ Also wird „dass“ mit „ss“ geschrieben.

Übung 1

Bei „das“ oder „dass“ ist immer eine Lücke gelassen. Schreibe „s“ oder „ss“ in die Lücken. Dabei wendest du die Sprüche aus den Beispielen an.

Beispiel 1: *Sie hat da___ nicht gewollt.*

Du sagst laut: „Sie hat dieses nicht gewollt, also mit ‚s‘.“ Dann schreibst du ein „s“ in die Lücke.

Beispiel 2: *Er zieht da___ neue Hemd an.*

Du sagst laut: „Er zieht dieses neue Hemd an, also mit ‚s‘.“ Dann schreibst du ein „s“ in die Lücke.

Beispiel 3: *Sie sagt ein Gedicht auf, da___ sie auswendig kann.*

Du sagst laut: „Sie sagt ein Gedicht auf, welches sie auswendig kann, also mit ‚s‘.“ Dann schreibst du ein „s“ in die Lücke.

Beispiel 4: *Er hat Angst, da___ etwas Schlimmes passiert.*

Du sagst laut: „Er hat Angst, dieses etwas Schlimmes passiert. – Geht nicht. Er hat Angst, welches etwas Schlimmes passiert. – Geht nicht, also mit ‚ss‘.“ Dann schreibst du „ss“ in die Lücke.

1. Wer hat da ____ gemacht?
2. Sie öffnet da ____ Fenster.
3. Er hob ein Heft auf, da ____ auf dem Boden lag.
4. Wir haben erfahren, da ____ er krank ist.
5. Es hat nichts genützt, da ____ wir ihm geholfen haben.
6. Er behauptet, da ____ er uns nicht kennt.
7. Um die Ecke bog ein Auto, da ____ viel zu schnell fuhr.
8. Er hofft, da ____ es bald vorbei ist.
9. Sie kaufte ein Brot, da ____ noch ganz frisch war.
10. Die Jungen fahren durch da ____ Dorf.
11. Es war klar, da ____ es nicht klappen konnte.
12. Sie hat da ____ nicht so gemeint.
13. Ich wusste nicht, da ____ sie schon fertig waren.

Übung 2

Nun machen wir die Anfangsbuchstaben-Übung. Dabei wendest du die Sprüche aus dem Beispiel an. Immer wenn „dass“ vorkommt, schreibst du das ganze Wort auf. Wenn „das“ vorkommt, schreibst du – wie bei den anderen Wörtern – nur den Anfangsbuchstaben auf.

Beispiel:

Niemand hat gesehen, dass seine Freunde das Loch gegraben haben.

Nachdem ich den ganzen Satz vorgelesen habe, lese ich jedes Wort noch einmal einzeln vor und du bestimmst dann die Wortart. Bei dem Beispielsatz geht das so:

Ich lese vor:	*Du sagst:*
Niemand	„Satzanfang – groß.“ Du schreibst auf: N.
hat	„Rest.“ Du schreibst auf: h.
gesehen	„Sehen – kann man tun, Verb (Tunwort).“ Du schreibst auf: g.
dass	„Niemand hat gesehen, dieses seine Freunde das Loch gegraben haben. – Geht nicht. Niemand hat gesehen, welches seine Freunde das Loch gegraben haben. – Geht nicht, also mit ‚ss‘.“ Du schreibst auf: dass.
seine	„Rest.“ Du schreibst auf: s.
Freunde	„Die Freunde – Nomen (Namenwort), groß.“ Du schreibst auf: F.
das	„Niemand hat gesehen, dass seine Freunde dieses Loch gegraben haben. Also mit ‚s‘.“ Du schreibst auf: d.
Loch	„Das Loch – Nomen (Namenwort), groß.“ Du schreibst auf: L.
gegraben	„Graben – kann man tun, Verb (Tunwort).“ Du schreibst auf: g.
haben.	„Rest.“ Du schreibst auf: h.

Achten Sie darauf, dass der Wortlaut des Beispiels ganz genau eingehalten wird.

1. Sie suchen ein Spiel aus, das sie noch nicht kennen. 2. Wir wussten, dass er sein Ziel nicht erreichen würde. 3. Sie schauten auf das Tal hinunter. 4. Ich konnte das nicht ahnen. 5. Was ist das? 6. Es war so heiß, dass alle Leute zu Hause blieben. 7. Es war ein Geheimnis, das er uns nicht verraten wollte. 8. Wir freuten uns, dass sie uns besuchen wollte. 9. Er wurde so wütend, dass er einen ganz roten Kopf bekam. 10. Ich wollte ihm das eigentlich gar nicht sagen. 11. In der Zeitung stand, dass es einen Unfall gegeben hat. 12. Ich wusste nicht, was das für ein Tier war. 13. Wir vermuten, dass er es nicht geschafft hat. 14. Sie wohnen in einem Haus, das schon vor langer Zeit gebaut worden ist. 15. Er spürte, dass etwas nicht stimmte.

Sätze für die Anfangsbuchstaben-Übung

Führen Sie ab jetzt in jeder Sitzung die Anfangsbuchstaben mit zwei oder drei der folgenden Sätze durch.

1. Ich glaube nicht, dass er es weiß. 2. Er erzählte, dass seine Reise sehr gefährlich war. 3. Im Eimer ist Wasser, das nicht mehr ganz sauber ist. 4. Ich habe das nicht so gemeint. 5. Sie haben herausgefunden, dass der Zeuge gelogen hat. 6. Es war nicht in Ordnung, dass er sich so benommen hat. 7. Sie wohnt in einem Zimmer, das für wenig Geld vermietet wird. 7. Hast du das wirklich selbst gesehen? 8. Ich weiß, dass es nicht richtig ist. 9. Sie bauten das Zelt so schnell sie konnten auf. 10. Es steht fest, dass wir um drei Uhr losfahren. 11. Ich sah, dass der Sturm schlimm gewütet hatte. 12. Er gab ein Zeichen, das alle sofort verstanden. 13. Sein Vater schaute sich das Zeugnis an. 14. Es ist nicht nötig, dass alle mitmachen. 15. Man glaubt es kaum, dass die Tiere genug zu fressen bekommen. 16. Haben sie das gefragt? 17. Wir haben das in der Nähe des Flusses gefunden. 18. Sie freute sich über ein Geschenk, das ihre Tochter gebastelt hatte. 19. Sie braten das Fleisch in einer Pfanne. 20. Sie glauben, dass ihnen nichts passieren wird. 21. Sie hat das in der Hand gehalten. 22. Er beklagte sich, dass ihm keiner zuhörte. 23. Sie hörte nicht, dass jemand um Hilfe schrie. 24. Er hat das wirklich gut gemacht. 25. Sie freuen sich auf das Wochenende. 26. Die Suppe war so heiß, dass wir sie nicht essen konnten. 27. Sie betrachteten das Schild, das kurz zuvor aufgestellt worden war. 28. Hast du das gesehen? 29. Er scheuchte das Huhn in den Stall. 30. Sie sprach von einem Verbrechen, das noch nicht aufgeklärt war. 31. Ich glaube, das kann man noch nicht kaufen. 32. Sie schrie so laut, dass alle erschraken. 33. Das hat nichts zu bedeuten. 34. Auf dem Sofa, das in der Ecke stand, saßen drei Mädchen. 35. Habt ihr das Laub schon zusammengekehrt? 36. Wir hoffen, dass es bald losgehen wird. 37. Sie haben das nicht gelernt. 38. Er bemerkte, dass er betrogen worden war. 39. Sie wünscht sich, dass bald wieder die Sonne scheint. 40. Sie las in der Zeitung, dass die Königin das Land bald besuchen wird. 41. Sie rochen, dass etwas angebrannt war. 42. Wir haben das Unglück kommen sehen. 43. Sie spart alles Geld, das sie geschenkt bekommt. 44. Er hat das schon immer gesagt. 45. Wir machen uns Sorgen, dass er den Weg nicht gefunden hat.

Nehmen Sie ab jetzt Sätze aus einem Schulbuch Ihres Kindes.

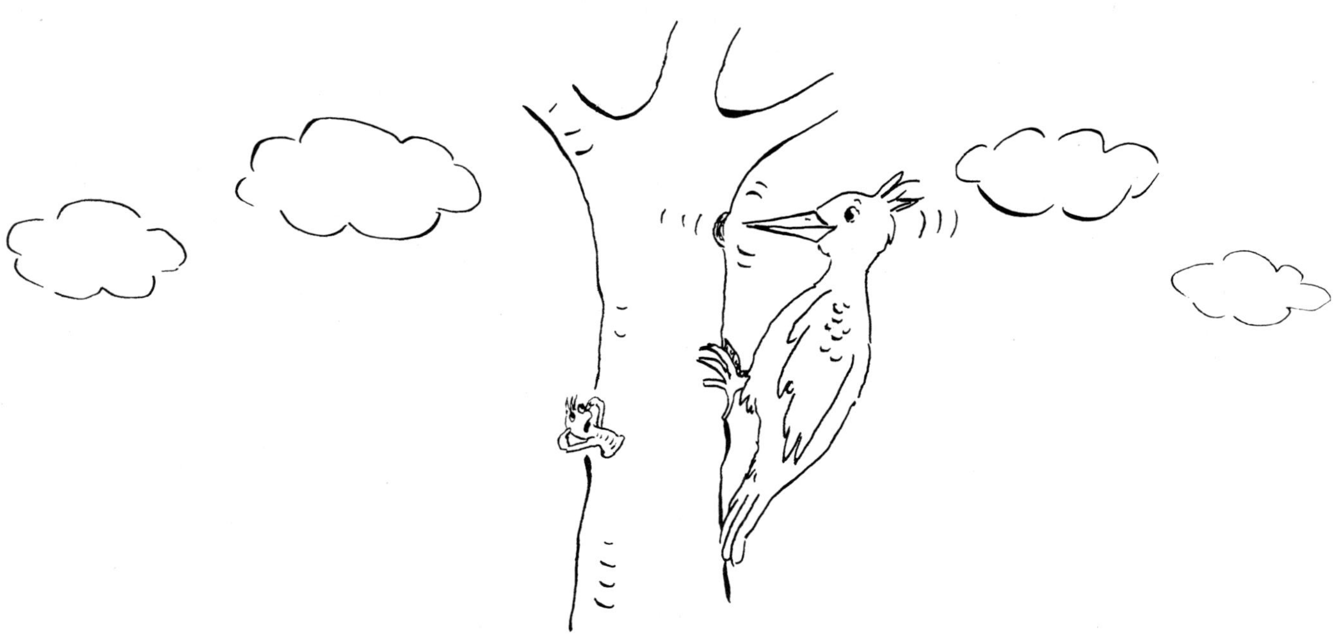